Tomáš Halík

Nicht ohne Hoffnung

Tomáš Halík

Nicht ohne Hoffnung

Glaube im postoptimistischen Zeitalter

Aus dem Tschechischen von Markéta Barth
unter Mitarbeit von Benedikt Barth

FREIBURG · BASEL · WIEN

Titel der Originalausgabe:
Stromu zbývá naděje. Krize jako šance
Nakladatelství Lidové noviny, Praha 2009

MIX
Papier aus verantwortungsvollen Quellen
FSC® C083411

© Verlag Herder GmbH, Freiburg im Breisgau 2014
Alle Rechte vorbehalten
www.herder.de

Umschlaggestaltung: Christian Langohr, Freiburg
Umschlagmotiv: © Martin Staněk, Prag

Satz: Barbara Herrmann, Freiburg
Herstellung: CPI books GmbH, Leck

Printed in Germany

ISBN: 978-3-451-33087-2

Inhalt

1. Ground Zero: Die Hoffnung am Nullpunkt 7
2. Die momentane Krise 26
3. Rückkehr der Religion? 42
4. Hoffnung für alle? 69
5. Krise als Wiege der Hoffnung 89
6. Hoffnung und Wunder 109
7. Das Brot des Armen 129
8. Der Gang auf dem Wasser 140
9. Der Kampf am Ufer der Hoffnung 148
10. Hat der Regen einen Vater? 160
11. Die Rede aus dem Wettersturm und Gewitter ... 174
12. Ich glaube, dass mein *Goel* lebt 187
13. Der Strahl unter der verschlossenen Tür 206
14. Kein Wald 226
15. Wozu brauchen wir Gott? 237

1. Ground Zero: Die Hoffnung am Nullpunkt

Große Worte wie »Gott« oder »ewiges Leben« bezeichnen Wirklichkeiten, von denen wir nicht einfach aussagen können, ob sie *existieren* oder *nicht*, weil sie *nicht* auf jene Weise evident *sind*, wie dies innerweltliche Dinge *sind*. Man kann über sie aber *im Modus der Hoffnung* sprechen: dass es sie *geben kann*, dass sie an uns nicht wie eine »Gegebenheit« oder eine »Notwendigkeit« herantreten, sondern als Möglichkeit, als Angebot, als Einladung und Herausforderung. Sie treten an uns heran als Zeichen dafür, dass die Wirklichkeit der Welt und unseres Lebens geöffnet ist – und diesen Charakter von ihnen erleben nur diejenigen, die selbst »offen« sind. Nur diejenigen sind Menschen der Hoffnung, die nicht mit der Welt, wie sie heute ist, konform gehen.

Wenn ein Atheist sagt: »Gott gibt es nicht«, Gott gibt es *hier* nicht (there is no God), kann ich ihm zustimmen, mit einem einzigen großen Vorbehalt: Ihn gibt es *noch nicht* hier. Ihn gibt es nicht *hier*, wie es die Zukunft nicht gibt – jedoch gibt es ihn hier bereits auf die Weise, wie es unsere Zukunft schon »gibt«: Wir sehen sie nicht, wir kennen sie nicht, wir führen über sie nicht Regie. Trotzdem sind wir existenziell auf sie angewiesen (ohne Zukunft zu sein bedeutet eigentlich, nicht mehr zu sein, tot zu sein), und zumindest unbewusst rechnen wir immer mit ihr und beziehen uns ständig auf sie: mit unserer Hoffnung oder unseren Ängsten, Wünschen, Plänen und Sorgen, mit unserer Leidenschaft oder Angst. Die Hoffnung, die auf die Zukunft gerichtet ist, welche ihre eigenste Umgebung ist, ihre »Biosphäre«, befreit uns von der Last der Vergangenheit – auch die Vergebung von Schuld ist ein Akt der Hoffnung, ein Geschenk und eine Eröffnung der Hoffnung –, und die Hoffnung befreit uns auch vom Erschrecken und von der Trauer über die Flüchtigkeit und Vergänglichkeit des gegenwärtigen Augenblicks.

Die Ewigkeit, die Biosphäre Gottes, umfasst und übersteigt gleichzeitig alle Dimensionen der Zeit, sie ist *für uns* hier jedoch jetzt vor allem als Zukunft, als Möglichkeit, als Zusage, als Hoffnung gegenwärtig. Gott und seine Ewigkeit sind hier noch nicht in jener Fülle und Deutlichkeit offenbar, die jeden dazu *zwingen* würde, Gott anzuerkennen und zu respektieren; seine Anwesenheit in unserem Leben ist jetzt auf den Raum angewiesen, den ihm unsere Freiheit mit dem Glauben und mit der Hoffnung eröffnet. Theologen, die sich auf die klassische Metaphysik stützen, wenden an dieser Stelle ein, dass Gott von Ewigkeit her als Basis allen Seins hier gegenwärtig ist, dass er auch in seiner Schöpfung und in seinem Wort da ist, das in der Fülle der Zeiten in der Menschwerdung Jesu von Nazaret in die Geschichte eingegangen ist, dass er in den Sakramenten der Kirche hier ist u.Ä.; in allen diesen Weisen seiner Anwesenheit bleibt Gott jedoch ein Gott, der so geheimnisvoll und verborgen ist, dass die Aussage Pascals weiterhin gilt: »Es gibt genug Licht für diejenigen, die sich aus der ganzen Seele wünschen, Gott zu sehen, und genug Dunkelheit für diejenigen, die den entgegengesetzten Wunsch haben.« Gott hat einen Raum für den Zweifel gelassen, damit der Glaube seine Würde als freier Akt und als ein mutiger Schritt hin zum Reich des Geheimnisses nicht verliert.

Seit Jahren habe ich darüber gesprochen und geschrieben, dass der Glaube, damit er ein lebendiger Glaube bleibt, den Zweifel als seinen ständigen korrigierenden Gefährten braucht; genauso wie das Zweifeln wiederum den Glauben braucht, damit es nicht in die Sümpfe einer verbitterten absoluten Skepsis führt. Dass sich Glaube und Hoffnung auf gleiche Weise gegenseitig begleiten und korrigieren sollten, halte ich heute für ähnlich wichtig, wenn nicht sogar für noch wichtiger. Wenn der Glaube vergessen würde, dass sein Gegenstand in der Wolke des Geheimnisses verharrt, in die nur die Hoffnung eintreten darf, könnte er zur Ideologie werden, zu einem Verkäufer von »Sicherheiten«; und wenn die Hoffnung sich vom Glauben loslösen würde, drohte ihr, dass sie vom Wind des Träumens, der Illusionen und der Wünsche fortgetragen würde.

Der Glaube und die Hoffnung sollten immer zusammen gehen, so wie die Apostel Petrus und Johannes am Ostermorgen zusammen zum leeren Grab gelaufen sind; die Hoffnung lässt vielleicht dem Glauben den Vortritt, damit er hineinschaue und *sage*, was er sieht. Die Hoffnung jedoch – erinnern wir uns – läuft schneller und ist als Erste am Ziel. Es gibt Momente, in denen der Glaube schwerfällig ist, wie es sicher in jener Nacht nach dem Karfreitag der Fall war, doch wie damals wird er von der Hoffnung vorangetrieben, die ihm den Weg weist.

Gerade deshalb ist es so wichtig, die Hoffnung wie eine kleine Flamme im Sturm zu pflegen, zu behüten und zu schützen, vor der Versuchung der Hoffnungslosigkeit, gleichzeitig aber auch vor ihrer Verderbnis, vor ihrer Verfälschung, vor dem, was ein falscher Ersatz für sie wäre: die Illusion, die Projektion unserer Wünsche, utopische Versprechungen oder ein naiver Optimismus, wie es zum Beispiel die neuzeitliche Ideologie der Verheißung eines unbegrenzten Fortschritts darstellte.

Die langwierige Krise des Christentums ist vor allem eine Krise der christlichen Hoffnung, schrieb Benedikt XVI. in seiner Enzyklika »Spe salvi«. Auch ich bin beunruhigt, dass die christlichen Worte von der Hoffnung in unserer Welt ihre Glaubwürdigkeit verloren haben. Und das umso mehr, weil ich tief davon überzeugt bin, dass die großen Geheimnisse aus der Schatztruhe des biblischen Glaubens vor allem deshalb für so viele Menschen heutzutage unzugänglich bleiben, weil man sie nur mit einem einzigen Schlüssel aufschließen kann – und dieser ist gerade die Hoffnung. Ich bin mir dessen bewusst, dass ich zu einer Reihe von Sätzen des christlichen Glaubensbekenntnisses ein aufrichtiges »Amen« nur deshalb sagen kann, weil dieses »Amen« »ich hoffe darauf« bedeutet; d. h., ich beziehe mich nicht darauf auf Grund einer vollständigen Erkenntnis und eines kompletten Begreifens, sondern auf Grundlage der Hoffnung. Die Sätze sind für mich kein einsehbares, evidentes Faktum, sondern ein Geheimnis – ein Gegenstand der Hoffnung. Gerade die Hoffnung – und nur sie – scheint mir der Schlüssel zum

Tor der großen Geheimnisse des Glaubens zu sein. Sie ermutigt dazu, in diese Wolke des Unaussprechbaren, Unbenennbaren und Unvorstellbaren einzutreten.

Was aber geschah mit diesem Schlüssel der Hoffnung? Tief spricht mich ein Gleichnis an, das bei Origenes überliefert ist (mit dem Verweis auf einen unbekannten jüdischen Mystiker des Altertums) – ein Gleichnis über die Tora als ein Haus mit vielen Gemächern, vor denen eine Menge von Schlüsseln durcheinanderliegt. Finden wir den richtigen? »*Der Schlüssel ist vielleicht verloren, aber es bleibt hier die grenzenlose Sehnsucht, ihn zu suchen.*«

* * *

Auf der Suche nach dem »Schlüssel der christlichen Hoffnung« stoßen wir zunächst auf eine ganze Reihe von Schlüsseln, die jenem in manchem ähneln und ihn im Lauf der Jahrhunderte zu ersetzen versuchten. Dies sind insbesondere *der Optimismus und die Idee des Fortschritts*. Diese beiden Schlüssel gehörten zur zentralen Ausstattung der Neuzeit; das Problem besteht darin, dass sie heute anscheinend dermaßen verrostet sind, dass sie weder das Heiligtum des Glaubens aufzuschließen vermögen noch zur Auslegung dessen zu gebrauchen sind, was heute in der Gesellschaft vor sich geht.

Es war die Säkularisierung, welche die Hoffnung, in der das Christentum eine der drei »göttlichen Tugenden« sah, in den Optimismus und in den Fortschrittsglauben verwandelt hatte. Dies geschah sicherlich vor allem als Reaktion darauf, dass die Rhetorik der Barockprediger und die fromme

Vorstellung der Gläubigen die Hoffnung zu »jenseitig« – jenseits des Grabes – auffassten: Von der Hoffnung sprachen die Prediger am häufigsten auf dem Friedhof. Seit der Wende der Renaissance hin zu »dieser Welt« kam den Kindern der Neuzeit die christliche Lehre von den »letzten Dingen« immer mehr wie ein falscher Geldschein vor, der durch das neu entdeckte Gold der im Experiment überprüfbaren sinnlichen Erfahrung nicht gedeckt war. Ein ähnliches Schicksal hatte zum Beispiel auch die »Liebe zu den Feinden« ereilt, die Christus verkündete, die jedoch durch die Christen insbesondere in der Zeit der Religionskriege des 17. Jahrhunderts völlig unglaubwürdig gemacht wurde. Die Feindesliebe wurde durch die Säkularisierung in »Toleranz« umgeschmiedet; ein Zauberwort, abgeleitet vom Verb »ertragen«, im Sinne von »etwas Unangenehmes ertragen« – das von der im Evangelium genannten Feindesliebe, respektive von der »Nächstenliebe ohne Grenzen«, genauso weit entfernt ist, wie es der Optimismus und die Fortschrittsgläubigkeit der Neuzeit von der göttlichen Tugend der Hoffnung sind.

In einem meiner früheren Bücher habe ich Argumente dafür gesammelt, warum wir unsere »postmoderne« Zeit eine *postoptimistische Zeit* nennen können. Und die Entwicklung der letzten Jahre – von der nicht allzu erfolgreichen Fortsetzung des »Krieges gegen den Terror« bis hin zu der Krise, die als Kollaps des Bankensystems begann und jetzt wie ein Flächenbrand nicht nur die Grenzen von Staaten, sondern auch die Grenzen von weiteren Sektoren des gesellschaftlichen Lebens überspringt – bestätigte nur jenen Bankrott des neuzeitlichen Optimismus, dieses naiven Vertrauens in die Macht der wissenschaftlich-technischen Entwicklung, die schnell und glatt alle Hindernisse auf der Fahrbahn beseitigt und verlässlich zu einer immer vollkommeneren und angenehmeren künftigen Zivilisation führen soll.

* * *

Auf die Frage, ob ich ein Optimist oder ein Pessimist bin, antworte ich, dass ich ein Mensch bin, der um die Hoffnung ringt – und als solcher lehne ich diese beiden Alternativen gleich entschieden ab.

»Ein Optimist ist ein Mensch, dem es an Informationen mangelt«, sagt ein bekanntes Bonmot. Ich glaube, dass die Wahrheit noch viel krasser ist. Ein Optimist ist ein Falschmünzer: Die goldene Münze der Hoffnung, die dem Menschen für seinen Lebensweg geschenkt ist, vertauscht er mit der Illusion, dass sich die Sonne des Glücks rund um den winzigen Planet seiner Vorstellungen und Wünsche drehen müsste. *Der Optimismus* ist die kühne Annahme oder die gewagte Unterstellung, dass »alles gut gehen wird«; im Gegensatz dazu ist *die Hoffnung* eine Kraft, die auch eine Situation auszuhalten vermag, in der sich diese Annahme als Illusion erwiesen hat.

Ich habe in meinem Leben drei Gesichter des Optimismus kennen gelernt, und es ist schwer zu sagen, welches von ihnen mir am meisten zuwider war. Zuerst das Gesicht der Pioniere des Kommunismus mit ihren Liedern über das sich nähernde Paradies, wo »wir dem Wind, dem Regen befehlen werden, wann er regnen, wann er wehen soll«, mit Liedern, die das Klagen der Opfer überschreien sollten, die diese revolutionäre Zukunft gefordert hatte. Ein paar Jahrzehnte später konnte ich die Pioniere des »neuen Kapitalismus« aus nächster Nähe beobachten (und es ist gut möglich, dass unter ihnen viele von denen waren, die im revolutionären Optimismus des Kommunismus aufgewachsen waren und noch vor kurzem – sicher schon ohne revolutionären Glauben und ohne jede revolutionäre Begeisterung – dessen Fahnen und Fähnchen in den Händen hielten und auf dem Mantelkragen die Abzeichen seiner Macht hatten), die sich auf die Allmacht der »unsichtbaren Hand des Marktes« verließen und alle auslachten, die dem Aufbau eines weiteren glücklichen Morgen mit dem Hinweis auf die Notwendigkeit der Einhaltung der Grundsätze der Moral und des Rechts mäßigen wollten. Und parallel zu ihnen begann ich unter den Christen, die nach dem Fall des Kommunismus in den Ring der freien Gesellschaft entlassen wurden, religiöse Enthusiasten aus den verschiedensten »neuen Bewegungen« und Sekten wahrzunehmen. Aus deren fanatisch strahlenden Augen konnte ich etwas erspüren, das mich zu sehr an die kommunistische Jugend erinnerte: ihre ständige Bereitschaft, kopflos sich begeistern zu lassen von den schlichten Parolen gewiefter Vorsänger und ihre Arme über dem Kopf kreisen zu lassen gemäß den Anweisungen erfahrener Animateure.

Die Skepsis und die Ironie, mit denen ich seit meiner Jugend die Konsumenten der Opiate optimistischer Ideologien jeglicher Couleur beobachtete, haben mich jedoch nie in das Lager des »Pessimismus« getrieben. In ihm sehe ich nur die Umkehrung des Optimismus. Der Pessimismus ist oftmals der Kater schnell ernüchterter Optimisten – und in diesem Fall führt er häufig in den Zynismus. Der Pessimismus ist in manchem noch gefährlicher als der Optimismus: Dem Optimismus verfallen leichter naive und leichtgläubige Menschen, während der Pessimismus oftmals eine Krankheit (oder eine Versuchung) von Weisen, Erfahrenen und Wissenden ist. Der Pessimismus überfällt häufig diejenigen, die schon so viele Sachen erkannt und begriffen haben, dass sie nur wenige Schritte von der Lebensweisheit entfernt sind. Da reißen sie knapp vor dem Gipfel Melancholie, Müdigkeit und Überdruss vom Weg. Spricht darüber nicht das bittere Zeugnis des biblischen Buchs Kohelet? Gerade dem Menschen, der so viel gesehen, erkannt und erlebt hat, kommt auf einmal alles so vor, als wäre es mit dem Staub der Vergeblichkeit bedeckt; auch die Erkenntnis und die Weisheit selbst erscheinen ihm jetzt wie ein vergebliches Leid.[1]

Vielleicht verbirgt sich gerade diese Abgestumpftheit und Resignation hinter dem Begriff »Acedia« (der gewöhnlich irrtümlicherweise mit »Faulheit« übersetzt wird). Mit diesem Wort bezeichnete die tiefe geistliche Erfahrung der alten Mönche und Einsiedler eine der Todsünden. Es handelt sich hierbei um die List des »Mittagsdämons«, der sich dem durch die Hitze ermüdeten Menschen am Höhepunkt des Tages nähert – am Gipfel einer anstrengenden Reise oder eines grandiosen Aufstiegs oder kurz danach. (Passieren nicht die meisten Unfälle auf

Bergtouren knapp nach dem Erreichen eines Gipfels, wenn die Aufmerksamkeit, vom Erfolg betört, eine Weile nachlässt?)

Wir würden heute höchstwahrscheinlich von einer Depression oder vom Burn-out-Syndrom sprechen. Die Geschichte der Psychotherapie lehrt, dass das Auftreten von psychischen Störungen und Krankheiten stets in einer bestimmten Weise den Zustand der Gesellschaft widerspiegelt: Das Problem der Zeit Freuds, der Zeit der viktorianischen prüden Unterdrückung der Emotionen, war die »Neurose«, während der typische Schmerz unserer Zeit, die von dem unbeschränkten Angebot an Möglichkeiten überschwemmt ist, Depressionen und Abhängigkeiten sind.

Carl Gustav Jung sprach von der »Krise des Lebensmittags«, wenn unerwartete Probleme auftauchen – mit der Gesundheit, in der Beziehung, in der Familie oder in der Arbeit – oder wenn man auf einmal keine Freude mehr daran empfindet, was einen bisher ganz erfüllte. Jung sah in der Krise des Lebensmittags ein warnendes und wachrüttelndes Signal, eine dringliche Aufforderung zum Verlassen der bisherigen Aufgabe, die Fassade des Hauses seines Lebens (seine »Person«) zu errichten, und zum Abstieg in die Tiefe, zu seinen Fundamenten. Im Gegensatz zu Freud erwartete dort Jung nicht nur einen dunklen Keller, der von verdrängtem Gerümpel vollgestellt ist, sondern einen Leben spendenden Strom eines unterirdischen Flusses, auf dem wir durch die Tiefen des »kollektiven Unbewussten« zu den kostbarsten Schätzen segeln können: Deswegen *ist jede Krise eine Chance.*

Es scheint mir, dass wir manche Elemente der Jung'schen Theorie des Begleitens von Einzelpersonen in einer Krise auf die »Krise der Zivilisation« übertragen können, über die zu Beginn des dritten Millenniums so viel gesprochen und geschrieben wird. Nach dem Zusammenbruch des Optimismus hat sich der Pessimismus vieler bemächtigt. Ist aber dieser Pessimismus nicht jener »*Mittagsdämon*«, die Sünde der *Acedia*? Gelangte die westliche Menschheit nicht schon auf den Gipfel jener Anstrengungen der Moderne (und hinter diesen Gipfel), immer eine größere Leistung bringen zu wollen, und ist nicht die gegenwärtige Krise die Folge eines falschen Schrittes aufgrund der Ermüdung nach diesem stressigen Aufstieg? Könnte aber gerade diese Situation nicht auch als eine Herausforderung begriffen werden, den Kurs des Schiffs des Lebens zu verändern und »in die Tiefe zu steuern«?

Wenn sich der Mensch dieser Herausforderung, die in der Krise des Lebensmittags verborgen ist, nicht stellt, besteht die Gefahr, dass er sich für den Rest seines Lebens zu einem Zyniker wandeln und schließlich, statt eine ausgereifte Weisheit des Lebensherbstes zu erreichen, in die böse Verbitterung unerträglicher Greise verfallen wird. Und es ist zu fragen, ob nicht für unsere gesamte westliche Zivilisation eine ähnliche Gefahr besteht.

Zur Naivität des Optimismus gehörte die notorische Banalisierung und Bagatellisierung des Bösen. Die revolutionäre Apokalyptik behauptete zwar (im Unterschied zu den Ideologien des Optimismus, die in ihrem Hochmut die Kräfte des Bösen bereits völlig ignoriert hatten), dass die »letzte Schlacht aufflammen werde«, zweifelte jedoch nicht an ihrem baldigen Sieg. Der Pessimismus dagegen ist von der Kraft des Bösen fasziniert, er ist vom Bösen bis hin zur erstarrten Untätigkeit geradezu behext. Der Pessimist nimmt die Verderbnis der Welt wahr, kämpft jedoch nicht und verhandelt auch nicht mit Gott, wie beispielsweise Abraham über die Rettung der Einwohner des sündigen Sodom.

Und wenn Sodom brennt, wenn die verdorbene Welt zu Grunde zu gehen droht, so wie es der Pessimist immer voraussagte und erwartete, erwehrt er sich nicht des Blicks der Genugtuung auf dieses Werk der Rache und des Untergangs. Für diesen *Blick zurück* wird er jedoch mit der Erstarrung bestraft, ähnlich wie die Frau Lots. Die Pessimisten sind im Augenblick der Katastrophen nicht das »Salz der Erde«, sie sind eher erstarrte »Salzsäulen«, Menschen, die zu nichts zu gebrauchen sind. Der Optimist ist ein »Falschmünzer«, der Pessimist jedoch ist ein Hochverräter des Lebens, ein Deserteur vor dem Kampf.

***

Wo soll man beginnen, wenn man nach dem Zusammenbruch des illusorischen Optimismus nicht den verbitterten Pessimismus, die stoische Resignation, die Verzweiflung oder den Zynismus als einzig verbliebene Möglichkeit wählen möchte – sondern versucht, den verlorenen Schlüssel der Hoffnung zu finden? Einer Hoffnung, die sich im Unterschied zum Optimismus nicht darauf verlässt, dass sich alles schon *irgendwie wieder* zum Guten wenden wird, sondern die Kraft gibt, die Last von Situationen zu ertragen, die von der Zusage eines Happyends meilenweit entfernt sind. Oft ist es daher notwendig, bei null zu beginnen. Oder bei eins? Slavoj Žižek, einer der provokantesten Denker unserer Zeit, legt in seinem Aufsatz »Zur materialistischen Theologie« eine aparte Metapher vor: »Der Unterschied zwischen Europa und den Vereinigten Staaten wird vielleicht in einem Detail besonders sichtbar: In Europa beziffert man das Erdgeschoss mit der Zahl 0, so dass die Etage oberhalb davon das ›erste Geschoss‹ ist, während in den Vereinigten Staaten das erste Geschoss auf Straßen-Niveau liegt. Kurz gesagt beginnen die Amerikaner von der 1 aus zu rechnen, während die Europäer wissen, dass die 0 der 1 vorangeht. Oder, um eher zur Geschichte zurückzukehren: Die Europäer sind sich dessen bewusst, dass für jede Tradition eine Grundlage (engl. ›ground‹, das auch im Wort ›ground floor‹ – dem Erdgeschoss – steckt) vorhanden sein muss, bevor man zu zählen beginnt; eine Grundlage, die schon immer gegeben ist und als solche nicht mitgezählt wird, während in den Vereinigten Staaten, dem Land ohne jegliche eigene vormoderne historische Tradition, eine solche ›Grundlage‹ fehlt – die Dinge beginnen hier unmittelbar mit der Freiheit, die sich die Menschen selbst zum Gesetz gaben, die Vergangenheit ist gelöscht (nach Europa abgeschoben).[2] Diesen Wesenszug erklärt vielleicht noch ein anderes ähnliches Phänomen: In (fast) allen amerikanischen Hotels, die in Gebäuden mit mehr als zwölf Etagen untergebracht sind, gibt es keine dreizehnte Etage (damit diese den Gästen kein Unglück bringen kann, natürlich), d. h., von der zwölften Etage geht es direkt in die vierzehnte Etage. Für einen Europäer ergibt eine solche Vorgehensweise keinen Sinn: Vor wem versuchen wir uns lächerlich zu machen? Als wüsste Gott nicht, dass das, was wir als die vierzehnte Etage benannt haben, in Wirklichkeit die dreizehnte Etage ist. Die Amerikaner können dieses Spiel aber gerade deshalb spielen, weil ihr Gott lediglich die Verlängerung ihres individuellen Egos ist und er nicht als die wahre Grundlage des Seins wahrgenommen wird.«[3] Wie gewöhnlich nimmt Slavoj Žižek diese Anekdote zum Anlass, eine ganze Reihe von Überlegungen auszuführen; wir dagegen begeben uns von ihr ausgehend in eine ganz andere Richtung. Ich möchte mich nicht auf ausschweifende Betrachtungen über die Unterschiede zwischen der amerikanischen und europäischen Religiosität einlassen. Ich gestehe allerdings ein, dass mich bei den Hinweisen auf die Vitalität der amerikanischen Religiosität im Vergleich zu den halbleeren europäischen Kirchen von Zeit zu Zeit der Zweifel überkommt, ob wir den richtigen Wegweisern folgen. Als ich vor Jahren hörte, mit welcher Leichtigkeit der Name Gottes dem amerikanischen Präsidenten, welcher der »religiösen Rechten« nahesteht, über die Lippen geht, stellte ich mir die Frage, ob die Europäer, die sich dagegen wehrten, den Namen Gottes in die Präambel der Verfassung der Europäischen Union einzuschreiben, Gott eigentlich nicht ernster nehmen. Als ich mir in Amerika die Programme der Fernsehmissionare anschaute (und ihre Kopien in den europäischen Stadien sah), kam ich nicht umhin, mich an den Vorwurf Žižeks zu erinnern, dass der Gott, dessen »Effektivität« hier vorgeführt und verkauft wurde, »eher die Verlängerung des individuellen Egos« ist. Gleichzeitig kam mir die Aussage des amerikanischen Philosophen Richard Rorty in den Sinn, dass die Amerikaner, wenn sie von »Gott« sprechen, damit meistens »unser zukünftiges Ich« meinen.

Ich durfte in den letzten zwanzig Jahren so oft Amerika besuchen, dass ich den bekannten Satz bestätigen kann, dass »*was auch immer* Sie über Amerika sagen, der Wahrheit entspricht« (oder der Unwahrheit), weil die Vereinigten Staaten von Amerika wirklich ein *großes* Land sind, das – und zwar auch in religiöser Hinsicht – viele Gesichter hat. Europa war und ist natürlich auch kulturell und religiös bunt, und auch an vielen Orten in Europa »fehlt *die Null*«, vergisst man jene geheimnisvolle, nicht berechenbare Grundlage. Auf beiden Seiten des Atlantiks spricht man heute über Gott und die Religion (und zwar sowohl aus den Mündern seiner eifrigen Verteidiger wie auch denen seiner Leugner) allzu häufig zu leichtfertig und unverantwortlich.

Bei der Lektüre des Textes von Žižek über Amerika, dem jener *ground floor mit der Nummer null* fehle, erinnerte ich mich auch an den traurigen Ort mitten im geschäftigen Manhattan, an jene gähnende Grube, die die Wolkenkratzer hinterließen, die durch den Terror-Angriff an der Schwelle des dritten Millenniums, am 11. September 2001, zerstört wurden. Die Amerikaner nannten diesen Ort – diese nicht verheilte Narbe am Körper unserer

Welt – »Ground Zero« (oder auch »point zero«), den Nullpunkt.

Und als ich kurze Zeit später wieder an diesem Ort stand, konnte ich mich – obwohl es mir dabei kalt den Rücken herunterlief – nicht von einem Gedanken befreien: Ja, jetzt und hier hat Amerika (und die Welt) ihren »Nullpunkt«. Dieser Ort ist die Erinnerung, dass die Welt und das Leben nicht mit der Freiheit anfängt, die sich die Menschen selbst zum Gesetz gaben, dass die Vergangenheit nicht gelöscht ist. Hier ist der Ort einer tragischen Erfahrung: Wir berühren die Brüchigkeit und die Verwundbarkeit unserer Welt, wir erkennen, dass ein gewisser Typ des »Glaubens«, den wir für überwunden hielten, in unsere Gegenwart eingreifen und unsere Vision der Zukunft verunsichern kann. Wir waren Zeugen, wie ein Symbol des menschlichen Strebens zum Himmel (die Wolkenkratzer) innerhalb eines Augenblicks zu Staub werden kann.

Der 11. September wurde für diese Generation zum Symbol, ähnlich wie für die Generation ihrer Eltern der Holocaust zum Symbol wurde. Sicher, jedes historische Ereignis ist einmalig und hat seine einmalige Bedeutung; es geht auch nicht um einen Vergleich der Opferzahlen (auch über Auschwitz muss bei aller Grauenhaftigkeit der Todesstatistik gesagt werden, dass Auschwitz nur ein Teil der Geschichte der Genozide des 20. Jahrhunderts ist, vom Genozid an den Armeniern über die von Lenin gesteuerte Hungerkatastrophe bis hin zu den Verbrechen des asiatischen Kommunismus, und die Zahl der Opfer des »Kriegs gegen den Terror«, einschließlich der unglücklichen Invasion im Irak, hat schon längst die Anzahl der Toten des 11. September übertroffen). Diese Geschehnisse symbolisieren stets einen neuen Schritt auf dem Marsch des Grauens, ein jedes Mal qualitativ neues Gesicht des Bösen. In beiden Fällen handelt es sich um einen Grabstein des neuzeitlichen Optimismus. Die Schalter in den Gaskammern von Auschwitz und in den Flugzeugen am Himmel über Manhattan wurden nicht nur durch einen barbarischen ideologischen Fanatismus betätigt, sondern auch durch die technische Vernunft, durch nüchternes Kalkül; durch Menschen, die über alle Errungenschaften der Technik und der Wissenschaft verfügten, die nur noch eine Instanz ausschalten mussten; eine Instanz, die übrigens schon lange vorher verachtet wurde: das Gewissen.

* * *

»Wo war Gott in Auschwitz?«, fragten sie den Rabbiner Jonathan Sacks. »Er war dort im Gebot ›Du sollst nicht töten‹«, antwortete der Rabbiner.[4]
Auch am 11. September war Gott in Manhattan in den Geboten »Du sollst nicht töten«, »Liebe deinen Nächsten wie dich selbst«; auch an jenem Tag wurde in den Kirchen »Liebt eure Feinde« gelesen und in den Moscheen aus dem Koran rezitiert: »Wenn du einen einzigen unschuldigen Menschen töten würdest, ist es, als würdest du die ganze Welt töten.« Auch in der heutigen Krise ist Gott im Gebot »Du sollst nicht stehlen« und im Satz »Man kann nicht zugleich Gott und dem Mammon dienen« anwesend.

Der Gott, der Mose im brennenden Dornbusch in der Wüste erschien, kam zu ihm als Herausforderung und Aufgabe, als Hoffnung und Verheißung: Ich werde mit dir sein, wenn du die Aufgabe erfüllst, die ich dir auferlege: Geh und rette mein Volk! Und auf die wiederholte Frage offenbarte er seinen Namen und sein Wesen: Ich werde mit dir sein. Dieses muss uns reichen; mehr möchte er über sich nicht verraten.

Der wahre Gott kommt nie als Ersatz oder Konkurrent unserer Freiheit, als jemand, der uns von unserer Verantwortung befreien würde. Im Gegenteil: Er appelliert an unsere Freiheit und vertraut seine Sache unserer Verantwortung an: in der Form der Berufung und der Verheißung. Er garantiert weder einen schmerzfreien Verlauf noch einen strahlenden Erfolg der Sache, zu der er uns auffordert. Er verspricht nur: Ich werde mit dir sein. Ich werde auch in den dunklen Nächten auf diesem Weg mit dir sein, so wie ich mit Jakob war: Manchmal werde ich dich mit Schlaf voll von prophetischen Träumen stärken, ein anderes Mal werde ich mit dir kämpfen wie damals am Ufer des Flusses Jabbok. Ich werde mit dir sein wie mit Abraham in dem entscheidenden Moment der schrecklichen Prüfung auf dem Berg Morija, ich werde mit dir sein wie mit dem erschöpften Elija in der Wüste, als ich ihm die Aufforderung zusandte, dass er die Wanderung fortsetzen solle, aber ihm auch Brot zur Stärkung für die Reise gab.

Ja, an alle diese Bilder dachte ich in Auschwitz, am Ground Zero, an den Orten der tiefen Wunden auf der Landkarte der menschlichen Hoffnungen. Es gibt Momente, an denen die Hoffnung am »Nullpunkt« ankommt. Das sind Momente, an denen wir von allem erschöpft und allem überdrüssig sind, wie Elija unter jenem Strauch in der Wüste. Aber gerade dann kommt Gott in Gestalt einer Aufforderung: Steh auf, du hast noch einen weiten Weg vor dir! Und wenn wir des Geschenks der Hoffnung bedürfen, dann bekommen wir sie als *Brot für den Weg*.

Anmerkungen

[1] Vgl. Kohelet 1,17–18.

[2] Es wäre jedoch möglich, gegen Žižek einzuwenden – im Geist der Theorie, dass die Bemühung, einen neuen Anfang durch die »Übertragung« (translatio) des kulturellen Erbes zu schaffen, ein typischer Zug der römischen Zivilisation ist (vgl. Brague, R., Evropa – římská cesta, Praha 1995) –, dass Amerika in der Sehnsucht, den »novus ordo saeculorum« zu installieren, eher ein »neues Rom« ist; dass den Vereinigten Staaten dieser Titel viel mehr gebührte als den Reichen, die ihn im Verlauf der Geschichte für sich beansprucht haben.

[3] Žižek, S., K materialistické teologii. In: Žižek, S. / Hauser, M., Humanismus nestačí, Praha 2008, S. 41f.

[4] Andere Autoren behaupten, dass anstelle dieser Frage, die sich bemüht, die Verantwortung für geschichtliche Verbrechen auf Gott abzuwälzen, eine andere Frage gestellt werden müsste: Wo war der Mensch in Auschwitz? Was haben denn die Menschen aus sich gemacht, wenn sie dazu fähig waren, solche Verbrechen zu begehen?

2. Die momentane Krise

Zwei Phänomene werden momentan derart oft und an derart vielen Orten der Welt beschrieben, dass wir geneigt sind, ihnen einen globalen Charakter zuzuerkennen; zudem werfen sie die Frage auf, ob man sie mit der biblischen Rede von den *Zeichen der Zeit* benennen kann. Hierbei handelt es sich um die »Rückkehr der Religion« und die »Krise«.

Wenn wir diese beiden Themen nur den Medien überließen, riskierten wir, dass das Wesentliche für uns im Nebel vager journalistischer Parolen verborgen bliebe. Aber selbst dann, wenn diese beiden Themen zum Gegenstand der empirischen Forschung der Gesellschaftswissenschaften würden, könnten wir spüren, dass hier immer noch etwas fehlte: ihre ehrliche theologisch-philosophische Analyse und geistliche Diagnose.

Was bedeutet die Rede von der »Rückkehr der Religion«? Was kehrt hier eigentlich zurück? Handelt es sich um Religion oder Glauben, um Spiritualität, Frömmigkeit oder moralische Verantwortung, um Fragen nach dem letzten Sinn oder dem Bedürfnis nach heiligen Ritualen?

Kehrt überhaupt etwas *zurück*, was es schon einmal gab, oder treten nicht eher Phänomene an die Stelle der traditionellen Religionen, die bisweilen nur entfernt an das erinnern, was wir uns »Religion« zu nennen gewöhnt haben, oder übernehmen diese neuen Phänomene eine von der Religion aufgegebene Rolle? Handelt es sich nicht schließlich um ein Ereignis, das sich nicht auf der Weltbühne, in der »objektiven Realität«, abspielt, sondern nur in den Köpfen jener westlichen Intellektuellen, die gerade aufgehört haben, die Religion zu unterschätzen? Die gerade ihre Brille der Säkularisierungstheorien ablegten, denen zufolge es eine unaufhaltsame Entreligiösierung der Welt gäbe, also jene sich selbst erfüllende Prophezeiung beziehungsweise jener »fromme Wunsch« der Gottlosen? Die gerade begannen, das wahrzunehmen, was sie so lange übersehen hatten? Was aber musste alles passieren, damit die Religion wieder so ein ernstes Thema wurde, dass viele von unserer Zeit als von einer »postsäkularen Zeit« sprechen? Wird die »Religion« stärker, oder erwacht nur das Interesse an ihr – und worauf richtet sich dieses Interesse an der vielschichtigen Welt der Religion?

Wenn wir zulassen, dass unsere Zeit wirklich etwas Neues bringt, wie es der wachsende Einfluss der Religion in der Politik darstellt – die Repolitisierung der traditionellen Religionen, der überraschende Missionserfolg des evangelikalen Christentums, die Stärkung der traditionalistischen und fundamentalistischen Richtungen innerhalb der Religionen und der Durst nach spiritueller Erfahrung, auf welche die bunte Szene der »neuen Bewegungen« oder die neu wirkenden Puzzles aus Teilen alter Traditionen und Elementen der gegenwärtigen Psychotherapie antworten –, ist es dann möglich, all dieses auf einen einzigen Nenner zu bringen und von der »Rückkehr der Religion« zu sprechen?

Ähnlich vieldeutig ist das zweite Thema – die Krise. Von welcher *Krise* sprechen wir heute eigentlich? Während ich diesen Text schreibe, wird der Ausdruck »Krise« (wahrscheinlich das meist gebrauchte Wort des öffentlichen Diskurses dieses Jahres) am häufigsten im Kontext der Wirtschaft genannt – die Krise des Bankensystems mit dem Epizentrum Manhattan hat sich am Ausgang des ersten Jahrzehnts des 21. Jahrhunderts zu einer weltweiten Finanz- und Wirtschaftskrise ausgewachsen, die wiederum eine ganze Reihe von sozialen und politischen Krisen zu entfesseln droht. Reicht jedoch diese Krise nicht noch tiefer als an die Stellen, wohin die Analysen der Ökonomen und Politologen reichen?

Auch wenn, wie manche Optimisten versprechen, dieses akute Fieber bald vorübergehen sollte und es so plötzlich, wie es gekommen ist, wieder verginge, würde es sich nur um das Verschwinden eines Symptoms einer Krankheit handeln, die weiterhin andauert und jederzeit wieder ausbrechen oder sich auf eine andere Art bemerkbar machen könnte, wie wir es von den heute so verbreiteten Krebserkrankungen kennen? Ist die gegenwärtige Wirtschaftskrise nicht nur ein Anzeichen der sich *hinschleppenden Krise der Moderne*, von der die westlichen Denker schon seit dem 19. Jahrhundert sprechen – praktisch seit dem Moment, als die Gier nach Blut der jakobinischen Phase der französischen Revolution den Kulturoptimismus der Aufklärung in Zweifel zog –, bis hin zu den postmodernen Denkern, die gezeigt haben, wie die Einseitigkeit des neuzeitlichen Rationalismus in den zerstörenden Totalitarismus und die Manipulation der Natur, der Menschen und auch der Geschichte gemündet ist? Und haben einige der vielen Formen der »Postmoderne« irgendeinen heilenden Ausweg aus dieser Krise geboten?

Vielleicht wird gerade der gegenwärtigen *ökonomischen* Gestalt dieser Krise nicht nur deshalb so viel Aufmerksamkeit gewidmet, weil sie schmerzhaft den materiellen Standard vieler Menschen berührt und die sozialen Sicherheiten erschüttert, sondern auch deshalb, weil sie den *»Moneytheismus«* (die Religion des Geldes) *selbst in Zweifel zieht,* der in der Phase des neuzeitlichen Kapitalismus den Monotheismus der jüdisch-christlichen Tradition still und heimlich ablöste. Die wissenschaftliche Vernunft, die ein möglicher Aspirant auf den göttlichen Thron zu sein schien, und die Wissenschaft, die reiner »Zweck an sich« zu sein schien, wurden allmählich zum bloßen *Mittel*; der Gewinn und das Geld wurden im Gegensatz dazu aus einem bloßen Mittel zum *Zweck* und zu dem hinreichenden, alles entschuldigenden und höchsten Ziel. So hat beispielsweise die heutige wissenschaftliche Forschung in vielen Fachbereichen schon längst nicht mehr den Ehrgeiz noch die Freiheit, die Sehnsucht des menschlichen Geistes nach der Erkenntnis der Wahrheit zu erfüllen, wie es der Rationalismus der frühen Aufklärung pathetisch deklarierte, sondern sie erfüllt gehorsam die Aufträge, die ihr von den ökonomischen und gegebenenfalls politischen Interessen ihrer Mäzene (am offensichtlichsten ist es wohl bei der Manipulation der medizinischen Forschung durch die Interessen der Pharmakonzerne) diktiert werden: Der Gewinn wurde zur Wahrheit der Wissenschaft.

Diese Werterevolution hat unauffällig die Welt verändert: Immer weitere und immer größere Bereiche der Lebensrealität wurden zu *Sachen*, die man nicht mehr wie einen Partner respektieren muss, sondern über die man völlig frei wie über Gegenstände verfügen kann; sie werden als austauschbare *Ware* begriffen. Dieser Trend beherrscht mehr und mehr auch das Verhältnis zum menschlichen Leben: Verfechter der Abtreibung brachten zum ersten Mal das Argument, dass die menschliche Leibesfrucht ein »Bestandteil des Bauches« sei, über den man wie über eine Sache beliebig verfügen könne, und den bisherigen Höhepunkt dieser Entwicklung stellen die Angebote des gentechnischen Ingenieurwesens dar, unter der schon eingeführten Marke »Mensch« weitaus effektivere Erzeugnisse auf den Markt zu bringen als den veralteten Homo sapiens.

Das häufig kommentierte kurze Fragment Walter Benjamins »Kapitalismus als Religion« sollte gerade heute wieder aufmerksam gelesen werden: Benjamin zeigt, dass das Wesen des Kapitalismus im Angebot der »Erlösung aus der permanenten Verfehlung und Verschuldung« besteht (vgl. die entsprechende doppelte – moralische und ökonomische – Bedeutung beispielsweise des lateinischen Worts *debitum* oder des deutschen Worts *Schuld*). Im Angesicht der gegenwärtigen Krise sollte die Stimme des Christentums nicht nur die abgedroschenen Phrasen einer unwirksamen Moralisierung des Kapitalismus als Kult des Mammons oder des goldenen Kalbs wiederholen, sondern eine tiefere theologisch-religionswissenschaftliche Analyse des Geldpantheismus unserer Gegenwart versuchen. In der Tat wurde nämlich das Geld zum *Sakrament* der bürgerlichen Gesellschaft, zum »sichtbaren Zeichen unsichtbarer Gnade«, das die Teilhabe an allen Segnungen dieser Gesellschaft vermittelt (und in diesem Sinne die christliche Theologie der Sakramente und der Gnade – Werte, die »gratis gegeben« werden – umkehrt oder geradezu karikiert)[1].

Hans-Joachim Höhn, der diese Wahrnehmung formulierte, fügt jedoch hinzu, dass auch das Christentum mit der *Ökonomisierung seiner Theologie* phasenweise selbst zur *Vergötterung der Ökonomie* beigetragen habe (es sei hier an die Lehre über den »loskaufenden Wert des Opfers Christi« erinnert, insbesondere in Anselms Darstellung der »Zahlung eines Lösegelds für die Schuld des Menschen an den Teufel«, und auch an die katholische Praxis der Ablässe, der Messintentionen u.Ä.). Vom »Vergelt's Gott« zum »Vergott's Geld«[2] ist es anscheinend kein allzu weiter Weg!

* * *

In der Tat kann ich mich nicht des Gedankens erwehren, dass die aktuellen Probleme unserer Zeit – nicht nur die ökonomischen Schwierigkeiten, sondern auch der Terrorismus, die Folgen der klimatischen Veränderungen, die Pandemien der ansteckenden Krankheiten und insbesondere das Verlorengehen jeglicher Verantwortung für mögliche Folgen bestimmter wissenschaftlichen Experimente – sehr auffallend an den Verlauf einer ernsten Krebserkrankung oder einer Drogenabhängigkeit erinnern: Nach Perioden scheinbarer Ruhe kommt es immer wieder zu Rezidiven. Darf ich diesen Vergleich mit dem Hinweis auf meine eigenen Erfahrungen aus der pastoralen Begleitung von Menschen mit einer Krebserkrankung und aus den Jahren meiner klinischen Praxis in der Abteilung für die Therapie Drogenabhängiger anführen?

Nachdem durch meine Praxis einige tausend Personen durchgegangen sind, die von Alkohol und anderen Drogen abhängig waren, weiß ich vor allem eines: dass die Drogenabhängigkeit eine vielschichtige Erscheinung ist. Eine Reihe von Institutionen hat im Laufe der Zeit das Monopol beansprucht, sie zu erklären und zu beseitigen, indem man sie als »eine Sünde«, »ein soziales Problem« oder »eine Krankheit« auffasste. Jedes dieser Etikette ist für sich allein nicht ausreichend und daher irreführend. Der Begriff »Sünde« ist durch gewisse christliche Sittenprediger – welche Nietzsche so drastisch geißelte – insoweit diskreditiert, als dass man ihn heute fast nicht mehr ohne das Risiko von ernsthaften Missverständnissen außerhalb des »Sprachspiels« der traditionellen Predigtrhetorik anwenden kann; jede andere Anwendung würde bereits eine gründliche theologische Reinterpretation voraussetzen. Über Drogenabhängigkeit *nur* wie über ein »soziales Problem« oder eine »medizinische Diagnose« (im Sinne der Klassifikation von Krankheiten) zu sprechen, verführt zu der Auslegung, dass es hierbei um etwas gehe, was völlig außerhalb der moralischen Verantwortung des Menschen liege, der abhängig wurde, und dass die Hauptverantwortung für die Entstehung der Abhängigkeit nur bei der Gesellschaft liege beziehungsweise die Hauptverantwortung für die Heilung beim Therapeuten. Ich kann mir durchaus eine theologische Auffassung von Sünde vorstellen, die zeigt, dass die Sünde nicht nur die individuelle Tat eines Menschen ist, sondern dass menschliche Schuld oft in »soziale Sünde« und in die »sündhaften Strukturen der Gesellschaft« eingeflochten ist (ohne dass durch diesen Faktor der Mensch auf ein passives Objekt seiner sozialen Beziehungen reduziert wäre), und die betont, dass Jesus tatsächlich kam, die Sünder zu *heilen* und nicht ihnen auf eine billige Art eine Moralpredigt zu halten, sie zu verurteilen und zu verdammen. Ich kann mir auch eine soziologische Perspektive vorstellen, die bei der Beurteilung von Abhängigkeiten als eines sozialen Unheils ebenso berücksichtigt, was im »Mikroklima« jedes individuellen Schicksals geschieht, eines Schicksals, das von der Gesellschaft zwar beeinflusst, nicht jedoch schicksalhaft von ihr determiniert ist. Und ich kann mir schließlich auch einen medizinischen Zugang vorstellen – am ehesten wohl einen, der der *Logotherapie* Viktor Frankls und seiner Schüler nahesteht, der auch den geistlichen und moralischen Aspekt einer »Krankheit« ernst nimmt und in der Therapie eine Analogie zur seelsorgerlichen Betreuung sieht (siehe Frankls »Ärztliche Seelsorge«).

Noch eine Sache ist mir in den Jahren der Arbeit mit den Drogenabhängigen bewusst geworden: In vielen Fällen ist die Abhängigkeit eine Form eines nicht eingestandenen, verdrängten und in die Länge gezogenen *Selbstmordes*. In einem bestimmten Augenblick verliert ein Mensch den Willen zu leben, er verliert die echte *Hoffnung* – z. B. infolge eines unverarbeiteten Traumas, eines persönlichen Verlustes, eines ungelösten Konfliktes oder einer nicht vergebenen Schuld, also aufgrund einer Last, die der Mensch in sein Unbewusstes verdrängt hat –; er liquidiert sich selbst langsam mit der Droge, und alle Versuche einer Heilung oder »Besserung« sind nur ein illusorischer Aufschub eines endgültigen Fiaskos. Wenn der Mensch seine Beziehung zum Leben nicht tiefgreifend verändert, wenn er gegen die nicht eingestandene Resignation und Selbstdestruktion keine Hoffnung und keinen starken Lebenswillen aufbaut und es ihm nicht gelingt, anders als bisher zu leben, dann sind alle Versuche einer Abstinenz auf Sand gebaut.

Aber verbirgt sich etwas Ähnliches, was den destruktiven Prozess einer Drogenabhängigkeit in Gang setzt, nicht auch in dem, was manchmal hinter der Entstehung eines bestimmten Typs von Krebserkrankungen steht? Auch hier geht es eigentlich um eine Erschöpfung, um ein Versagen der Systeme, die für die Widerstandsfähigkeit des Organismus auf allen Ebenen verantwortlich sind. Aufgrund eines solchen Versagens bricht die Krankheit durch beziehungsweise kommt es zu einem erneuten Auftreten der Krankheit. In der Realität sind wir andauernd der Bedrohung einer Krankheit ausgesetzt, die maligne Transformation von Zellen im Organismus kommt in der Regel mehrmals im Leben vor, jedoch erkennt unser Immunsystem normalerweise diese Zellen als bedrohlich und liquidiert sie. Wenn es von diesen Zellen im Körper mehr gibt, als sie von unserem Immunsystem unterdrückt werden können, ist es notwendig, die sich vermehrenden Zellen mit Medikamenten zu »vergiften« (manchmal auch durch ein radikales Hungern). Wenn uns eine Krebserkrankung nicht nur als eine Einschränkung des körperlichen Organismus interessiert, sondern wenn wir tiefer nachforschen, finden wir manchmal im Pilzgeflecht der Krankheit ungelöste Probleme psychischer, geistlicher und moralischer Natur – im Menschen, in der »Tiefe seiner Seele« ist irgendetwas zerbrochen und eine der Äußerungen und Folgen dieses Bruchs kann auch sein, dass das Immunsystem dann einfach seine Abwehrfunktion nicht mehr erfüllen kann.

Ist nicht auch in »Körper und Seele« unserer Zivilisation etwas Ähnliches geschehen? Haben wir gründlich genug nach der möglichen verborgenen Ursache, dem Auslösungsmechanismus für die vielen »Abhängigkeiten« und »Tumore« geforscht, denen wir so oft im Körper und in der Seele unserer Zivilisation begegnen, von der wir – ob wir wollen oder nicht – ein Bestandteil sind? Leidet nicht unsere westliche Gesellschaft an einer noch gefährlicheren Form einer »Verschuldung« als an derjenigen, die sich heute die Ökonomen und Politiker zu lösen bemühen? Sicherlich gibt es dort vieles, was vernachlässigt wurde, das wir uns bewusst machen, gestehen, benennen, bekennen müssten – jedoch nicht deshalb, um uns im Blick nach hinten zu erschöpfen und nach Schuldigen zu suchen, sondern vor allem deshalb, um endlich auf eine Besserung, auf eine Therapie hinarbeiten zu können.

Wunder gibt es weder bei den amateurhaften Wunderheilkundlern oder den obskuren »alternativen Therapien«

der Esoteriker und auch nicht in Form von spektakulären »Wunderheilungen« bei den charismatischen Open-Air-Veranstaltungen in den Stadien; »ein Wunder« ist etwas, an das man glauben und worauf man hoffen kann, womit man jedoch aufgrund der Natur der Sache nicht rechnen, was man nicht bestellen und erzwingen kann. Bei aller Kritik an einer Medizin, die einseitig an der »Reparierbarkeit« des Körpers orientiert ist, würde ich einen Kranken immer vor einer nicht zu verantwortenden Vernachlässigung der klassischen ärztlichen Betreuung warnen; es bleibt allerdings oft nur zu hoffen, dass eine wirklich verantwortungsvolle Medizin in der Lage ist, auch die psychosomatischen, sozialen und moralischen Aspekte einer Krankheit in Betracht zu ziehen. Auch im Fall der »Zivilisationskrankheiten« ist es sicher vonnöten, alles einzusetzen, wodurch »Technik« und »Chemie« helfen können – das heißt, ökonomische, politische und soziale Maßnahmen einzuleiten. Jedoch dürfen wir auch hier die »Logotherapie« nicht vernachlässigen – auch hier sind häufig Phänomene im Spiel wie der »Verlust des Willens zum Sinn« und das Versiegen der Quellen der Hoffnung.

Auch ist die gegenwärtige ökonomische Krise zu ernst, als dass ihre Behandlung *nur* den Händen der Ökonomen beziehungsweise der Politiker zu überlassen wäre, wenngleich wir ihre Kompetenzen keinesfalls unterschätzen und sie aus ihrer Verantwortung nicht entlassen dürfen. Ich warte jedoch darauf, wer von den Verantwortlichen den Mut haben wird, dies einzusehen und jene Verschuldung vernehmbar zu benennen, von der die gegenwärtige

Krise nur ein Schatten ist: nämlich die Erinnerung an die Tatsache, dass wir mit unserem Lebensstil und unserem Ausmaß an Konsum zu Parasiten des Planeten geworden sind, so dass, wenn der Rest der Welt sich auch für unseren Lebensstil entscheiden würde (den wir überall hin exportieren und mit unserer Werbung, unserer Popkultur und Ideologie weltweit propagieren), es zu einer völligen Erschöpfung der Ressourcen und zu einem völligen Kollaps unseres Planeten kommen würde. Wird jemand den Mut aufbringen und vor allem die Überzeugungskraft besitzen – nicht nur der Worte und der Argumente, sondern vor allem des persönlichen Beispiels –, derer es bedarf, um das Steuerrad herumzudrehen, ohne das nächste heilige Totem unserer Zivilisation zu berühren, nämlich die individuellen Rechte und Freiheiten? Und droht nicht, dass eine riesige Menge von Menschen, die sich ununterbrochen auf ihre Rechte und Freiheiten beruft, im entscheidenden Augenblick überraschend leicht und gerne *auf ihre Freiheit verzichtet*, die mit der Notwendigkeit einhergeht, sich ständig zwischen einem immer unübersichtlicheren Fächer von Möglichkeiten zu entscheiden und eine immer größere und nicht mehr absehbare Verantwortung zu tragen – und deswegen unbewusst nach einem Diktator Ausschau hält, der ihr das schwere Joch der Freiheit und Verantwortung abnehmen würde?

Jede Krankheit und jede Krise ist vermutlich *auch* eine geistliche Angelegenheit. Die Krankheit – die Krankheit eines einzelnen Menschen wie auch die »Krankheit einer Gesellschaft« – ist immer, wie jede Krise, auch eine *Chan-*

ce, biblisch gesagt, eine »Heimsuchung«. Mircea Eliade hat einmal in sein Tagebuch eingetragen: »Eine Krankheit ist der Punkt, an dem der Prozess der Integration der Persönlichkeit zu Ende geht und der Augenblick einer radikalen geistlichen Transformation kommt.«[3] Und Thomas Moore, zeitgenössischer Autor vieler Bücher zum geistlichen Leben, merkt dazu an (mit seinem typisch ästhetisierenden Blick und seiner schwungvollen Sprache, die provozieren kann und wahrscheinlich auch provozieren soll), dass eine Krankheit etwas mit der Poesie gemeinsam hat: »Sie drückt den Strom des Lebens aus, aber sie erklärt ihn nicht. Sie fordert dich auf, deine Lebensweise zu reflektieren, aufzuspüren, wo deine Seele vernachlässigt ist und wo sie sich beschwert. Es ist die Zeit, wo du überlegen kannst, woher die Krankheit kam und wie sie deine Lebensweise oder die Lebensweise der Gesellschaft widerspiegelt. Deine Krankheit kann dich unter Umständen von deinen falschen Vorstellungen heilen, sie spricht dich mit ihrer Poesie am Rande der Natur an und vereinigt dich mit der Quelle deines eigenen Lebens. Je mehr körperliche Fähigkeiten sie dir wegnimmt, desto mehr wirst du von der Kraft der Seele erfüllt.«[4] Kann uns dieser ungewöhnliche Blickwinkel helfen, noch auf eine andere Weise darüber nachzudenken, was die aktuellen Krisen und Krankheiten des gesellschaftlichen Organismus, dessen Bestandteil wir sind, an Chancen bieten?

Wenn das Wort »Krise« erklingt, stürzen sofort religiöse und säkulare Messiasse aus allen Himmelsrichtungen wie die Aasgeier mit ihren Angeboten herab, einfachen und patentierten Heilsrezepten. Aber Krisen, persönliche und gesellschaftliche, müssen nicht notwendigerweise Ängste und hysterische Reaktionen auslösen. Krisen sind natürliche Lebensbegleiter, sie sind wie Felsblöcke im Flussbett, die dem Fluss des Lebens Schwung verleihen, ihm Dynamik verleihen und ihn interessant machen. Ein Leben ohne Krisen und Prüfungen wäre wie ein fauliger verschlammter Bach oder wie ein Stausee mit moderndem, stehendem Wasser. Es macht keinen großen Sinn, nur zu jammern und in der Vergangenheit nach den Schuldigen der Krise zu suchen (ich kann das ständige Nachtreten konservativer katholischer Gegner der Moderne bis hin zu Descartes oder Kant nicht mehr ausstehen) und vergebens einen Weg zurück zu suchen. Jesus hat es beim Anblick eines Kranken abgelehnt, zurückzuschauen, zu moralisieren, darüber zu spekulieren, »wer gesündigt hat, ob er selbst, oder seine Eltern«, sondern er hat die Krankheit als eine Herausforderung und eine Gelegenheit dazu gesehen, dass diesem Menschen geholfen wird und »so an ihm das Wirken Gottes offenbar wird«[5].

Krisen sind eine Gelegenheit, zu wachsen und zu reifen, so ist es jetzt und so war es offensichtlich immer, einschließlich jener »ersten Vertrauenskrise« und des darauffolgenden Konflikts der Menschen mit Gott, von dem die ersten Seiten der Bibel erzählen.[6] Gott ist ein so guter Spieler, dass er auf jeden falschen Zug von uns so antworten könnte, dass die Worte »wo jedoch die Sünde mächtig wurde, da ist die Gnade übergroß geworden«[7] in Erfüllung gehen würden. Das soll keine Aufmunterung für Falschspieler sein, sondern eine Herausforderung für uns ewige Anfänger, aus den eigenen Fehlern zu lernen und dort neue Chancen zu entdecken, wo wir versucht sind, in eine bedrückende Resignation zu verfallen.

Wenn wir die heutigen Gesellschaftskrisen vor Augen haben, die Krise der Familie, die Religions- und Kirchenkrisen, die Zerstörung der natürlichen und sozialen Biosphäre, dann sollten wir nicht denen glauben, die alles ganz einfach auf nur einen Nenner bringen und billige, schnelle und einfache Lösungen bieten (einschließlich *bloß* geistlicher und moralischer Lösungen). Wenn ich mich in den Überlegungen dieses Buches vor allem auf einen Aspekt der »Krise« fokussieren will, behaupte ich keineswegs, dass dies der einzige Aspekt wäre, und verspreche schon gar nicht, das alleinige Patent-Rezept für ein komplexes Heilverfahren zu bieten. Ich möchte lediglich eindringlich darauf hinweisen, dass man eine Sache nicht vergessen sollte: dass es notwendig ist, die *Vertrauenskrise* zu überwinden und die Quellen der *Hoffnung* zu suchen. Wusste nicht schon Kierkegaard, dass die Verzweiflung (die Abwesenheit der Hoffnung) die *Krankheit zum Tode* ist? Wenn der Mensch (und auch die Gesellschaft) nicht genug Vertrauen und Hoffnung hat oder wenn anstelle der Hoffnung Illusionen treten, wird er auch nicht die Kraft haben, jene »technischen Maßnahmen« einzuleiten, die zur Bewältigung von Krisen unerlässlich sind.

Anmerkungen

[1] Vgl. Höhn, H.-J., Postsäkular. Gesellschaft im Umbruch – Religion im Wandel, Paderborn 2007, S. 107.
[2] Ebd., S. 106.
[3] Eliade, M., Journal III.: 1970–1978, Chicago 1989, S. 211.
[4] Vgl. Moore, Th., Dark nights of the soul, New York 2008; S. 288.
[5] Vgl. Joh 9,2-3.
[6] Das Exultet, der altchristliche Osterhymnus, zögert nicht, die »Ursünde« als eine *glückliche Schuld* (felix culpa) zu bezeichnen.
[7] Vgl. Röm 5,20.

3. Rückkehr der Religion?

Gibt es einen Zusammenhang zwischen jenen beiden Erscheinungen, die zu Beginn des vorhergehenden Kapitels erwähnt wurden, der Rückkehr der Religion und der Krise? Erwarten lässt sich hier sogar ein kausaler Zusammenhang: Ökonomische, soziale und politische Krisen rufen häufig das Aufleben von Religion hervor.

Der Einwand, dass die Krise (und zwar in jenem engeren Sinne des Wortes, also die gegenwärtige Wirtschaftskrise) irgendwann um das Jahr 2007 ausgebrochen ist und Soziologen schon seit dem letzten Viertel des 20. Jahrhunderts von einer »Rückkehr der Religion« sprechen, ist in diesem Zusammenhang nicht zutreffend, wenn wir von der Hypothese ausgehen, dass die jetzige Wirtschaftskrise nur ein weiteres Rezidiv jener Krise der Moderne ist, deren Wurzeln viel älter sind und viel tiefer reichen.

Erwähnenswert ist hierbei auch die Ansicht, dass erste Anzeichen der gegenwärtigen wirtschaftlichen Rezession – und die damit verbundene Unhaltbarkeit des Modells des »Sozialstaats« – sich im Westen bereits gegen Ende der achtziger Jahre deutlich gezeigt haben und dass deshalb der politische Druck des Westens auf den Fall des »Eisernen Vorhangs« hin in Wirklichkeit vor allem von der ökonomischen Notwendigkeit motiviert war, neue Märkte im Osten zu erschließen. Jedoch ist die politisch-ökonomische Entwicklung vom erwarteten Drehbuch dann insofern durchaus drastisch abgewichen, als mit einer wichtigen moralischen Komponente in Politik und Wirtschaft nicht gerechnet wurde. Im Osten und auch im Westen kam aus verschiedenen Gründen in einem ungeahnten Ausmaß das Phänomen der Korruption zum Vorschein. Postkommunistische Gesellschaften waren weder mental noch moralisch auf derart radikale Veränderungen vorbereitet, und die erfolgreiche wirtschaftliche Invasion brachte wiederum die westliche Ökonomie in die »Versuchung«, der viele nicht widerstehen konnten. Die Unersättlichkeit hat vielfach zu einem unvorsichtigen, unverantwortlichen, nicht umsichtigen Handeln geführt, und das »Kapital Vertrauen« war schnell erschöpft – der ökonomische Kollaps des ganzen Systems ist dann nur eine logische Folge dieses Prozesses.

Die »Rückkehr der Religion« an der Schwelle des dritten christlichen Jahrtausends ist jedoch keine Reaktion auf diese politischen, ökonomischen und moralischen Erscheinungen. Vielmehr ließen sich die Veränderungen der religiösen Szenerie auch als ein Aspekt der »postmodernen Kultur« interpretieren, als Reaktion auf die Moderne *mit deren eigenen Mitteln.*

Als Beginn des postmodernen Bewusstseins kann die Bewusstwerdung jener »Dialektik der Aufklärung« gesehen werden, welche die Philosophen und Soziologen der Frankfurter Schule in den sechziger Jahren analysierten. Das Schicksalsjahr 1968 bedeutete den Gipfel einer »zweiten Aufklärung«, des Liberalismus der sechziger Jahre, der so unterschiedliche Erscheinungen umfasste wie die Studentenrevolten im Westen, die »sexuelle Revolution«, die Versuche eines aufgeklärten »Sozialismus mit menschlichem Antlitz«, die Reformen des Zweiten Vatikanischen Konzils oder die Eroberung der westlichen, vor allem der amerikanischen Kultur und Gesellschaft durch den Geist der humanistischen Psychologie und einer popularisierten und vulgarisierten Psychoanalyse. Alle diese Erscheinungen verbindet trotz ihrer Heterogenität der Widerstand gegenüber Autoritäten und dem Traditionalismus. Die Hoffnung dieser Zeit trägt ausgeprägt humanistische Züge. Der Humanismus kann dann als eines der Gesichter des Kulturoptimismus gesehen werden, jener säkularisierten Transformation der christlichen Hoffnung, als einer der Pfeiler der Moderne, über den in diesem Buch noch mehrmals die Rede sein wird.

Bald jedoch zeigte sich, dass der Humanismus nicht ausreicht. Einer der führenden Repräsentanten der amerikanischen humanistischen Psychologie, Abraham Maslow, wird der Erste sein, der den Übergang von der humanistischen Psychologie zur transpersonalen Psychologie propagiert – und damit zum Paten der postmodernen Collage von psychotherapeutischen, gnostischen und mystischen Elementen wird, die bald den Namen »New Age« tragen wird. Diese breit gefächerte Bewegung gehört sicher zu den profiliertesten Strömungen innerhalb der religiösen Innovationen; sie bemüht sich, mit einem Typus von Spiritualität, der *am Erlebnis orientiert* ist, den Raum zu besetzen, den das neuzeitliche Christentum freigemacht hatte, insofern es, statt in die Mystik einzuführen, moralische

Gebote und Verbote angeboten hatte, statt in das Geheimnis des Glaubens einzuweisen, das Pauken der Lehrsätze des Katechismus gebot und, statt zum Wachstum auf dem geistlichen Weg zu ermuntern, unbedingten Gehorsam gegenüber der kirchlichen Autorität einforderte.

* * *

Eine Sache macht mich praktisch bei allen zeitgenössischen Innovationen des religiösen Lebens stutzig. Während die Religion des Westens im 19. Jahrhundert – vor allem unter dem Einfluss Kants – oftmals auf die Moral reduziert wurde, ist ein auffälliger Zug der gegenwärtigen »Rückkehr der Religion« das Ignorieren der Moral.

Auf dem gegenwärtigen bunten Markt der Religionen verkauft sich am besten eine Frömmigkeit ohne jede Belastung durch ethische Verpflichtungen. Besteht darin vielleicht der zeitgenössische Boom der Religion? In der Ankunft eines beschwingten, tanzenden Gottes, der »seine moralische Haut ausgezogen hat«, wie Nietzsche es prophezeite – heute allerdings in einer etwas komödiantischeren Form, als es sich wahrscheinlich Nietzsche selbst wünschen würde?

Ich kann mich nicht des Verdachts entledigen, dass einer der Gründe für die Popularität der östlichen Spiritualitäten im Westen die Tatsache ist, dass viele ihrer Anhänger sie häufig eher in einer bestimmten Analogie zum Sport oder zu psychotherapeutischen Kursen des persönlichen Wachstums und der Selbsterkenntnis »betreiben« (Erscheinungen, die wiederum für viele andere im Westen die Rolle von »Ersatzreligion« einnehmen), also als etwas, das zwar bestimmte aufregende Veränderungen des Lebensstils erfordert und damit sicher zur allgemeinen Gesundheit und »Fitness« des Menschen beitragen kann, jedoch an seine Anhänger – im Unterschied zum Christentum – praktisch keinerlei hohe moralische Ansprüche stellt. Die Religionen des Ostens dürfen in den geistlichen Harem des heutigen Westens in der Regel nur dann eintreten, wenn sie sich vorher einer gründlichen moralischen Kastration unterzogen haben. Können wir jedoch dann von diesen Eunuchen des geistlichen Weges, die als kosmetische Accessoires oder als ein Instrument der Psychohygiene begriffen werden, irgendeine geistliche Fruchtbarkeit erwarten?

Laut Žižek, diesem nonkonformistischen Marxisten und »materialistischen Theologen«, ist die momentane westliche Vorliebe für die östliche Spiritualität wirklich ein Opiat, eine Art der *fetischistischen Ideologie* unserer »postideologischen Zeit« – eine Ideologie, die mittels des »Loslassens« und »Nichteingreifens« die psychische Gesundheit und Ausgeglichenheit inmitten des Stresses der Dynamik der technologischen Entwicklungen und sozialen Veränderungen zu bewahren verspricht, der der Mensch in der Gesellschaft des globalen Kapitalismus nicht mehr folgen, geschweige denn sie beeinflussen könne. Žižek stellt die Behauptung auf, dass Max Weber, wenn er heute leben würde, seiner berühmten »Protestantischen Ethik« einen weiteren Teil anfügen würde, mit dem Titel »Taoistische Ethik und der Geist des globalen Kapitalismus«. Der Fetisch, sagt Žižek, ist die »Verkörperung einer Lüge, die es uns ermöglicht, die unerträgliche Wahrheit zu ertragen«. Das fetischistische Aufbewahren von Haar- oder Kleidungsstücken eines Verstorbenen soll die schmerzhafte Wahrheit über dessen Tod und Abwesenheit verdecken; mittels eines Fetisches setzt der Verstorbene sein Leben für uns magisch fort. Der »Seelenfriede«, von dem der moderne Mensch annimmt, dass er ihn jederzeit mit spirituellen *Techniken* herbeirufen könne, sei auf ganz ähnliche Weise ein Fetisch, der es ermögliche, zu vergessen, dass der Mensch keine *wirkliche Transzendenz* riskiere, dass er ganz im Gegenteil ein absolut konformes Glied der technischen Konsum-Zivilisation bleibe, auch wenn er sie mit seinen Worten ablehnt.

Auch ich vermute, dass die gegenwärtige westliche Esoterik keine wirkliche Transzendenz bietet, also das Hinaustreten aus dem globalen Markt und Konsum; sie ist ganz im Gegenteil eine konsumierbare (und in ihrer Amoral eine billige) Ware auf den Ständen des Marktes geworden. Ein »Geistliches«, das Wege anbietet, die frei von jeglicher ernster moralischer Verantwortlichkeit sind, kann nicht Quelle der Hoffnung sein, sondern ist eine falsche Hoffnung, eine Illusion, ein Opiat.

Einer der größten Kenner des Buddhismus im Westen, der britische Professor für buddhistische Philosophie, Paul Williams, der vor einigen Jahren für viele überraschend vom Buddhismus zum Katholizismus konvertierte, zitiert eine Ansicht der buddhistischen Meister des Ostens (die jedoch auch bereits von Chesterton ausgesprochen wurde), dass viele der Menschen im Westen, die sich für Buddhisten halten, in Wirklichkeit nicht den Buddhismus praktizieren, sondern Prinzipien des Christentums, die jedoch von dem befreit sind, was vielen Menschen heutzutage am Christentum, und insbesondere an den christlichen Kirchen, unsympathisch erscheint. Und aus seiner eigenen Erfahrung fügt Williams hinzu: Wenn sich junge Intellektuelle im Westen zwischen dem Christentum und Buddhismus entscheiden, vergleichen sie oft Unvergleichbares. Ihre Kenntnisse über das Christentum sind meistens auf dem Niveau des schulischen Religionsunterrichts stehen geblieben (in der Tschechischen Republik, füge ich hinzu, nicht einmal dort), während der Buddhismus von den Gedanken buddhistischer Philosophen repräsentiert wird, die wiederum die meisten Menschen, die in Asien den Buddhismus praktizieren, gar nicht kennen. Es wäre fair, meint Williams, wenn es auf der anderen Waagschale etwas Vergleichbares gäbe, z. B. die Werke des Thomas von Aquin oder des Anselm von Canterbury; wenn dort aber nur Kinderkatechismen zu finden sind, wird zwangsläufig – quasi in absentia – der »Buddhismus« gewinnen.[1]

Mit dem hier Ausgeführten möchte ich mich aber keineswegs in die Schar jener Christen einreihen, die in allem, was aus dem Osten kommt, egal, ob es sich um Yoga, Zen oder Ähnliches handelt, den »Teufel am Werk« sehen. Ich empfinde nicht nur tiefe Wertschätzung gegenüber den wirklichen Meistern dieser geistlichen Wege, denen ich auf meinen Reisen durch Asien begegnen durfte, sondern auch gegenüber vielen meiner Freunde, die sich bemühen, die Werte dieser geistlichen Wege mit derselben Redlichkeit im Westen zu inkulturieren, mit der sich wiederum viele christliche Missionare und asiatische und afrikanische Christen bemühen, das Evangelium in eine nicht westliche Umgebung zu inkulturieren. »Wenn der Schüler bereit ist, erscheint der Meister«, sagt eine Regel des Yoga. Ich befürchte jedoch, dass in den heutigen westlichen Gesellschaften die Zahl der *unvorbereiteten* Schüler überwiegt – Neugierige, die nicht nach einer aufwendigen Verwandlung des Herzens streben, sondern die eine Sehnsucht nach exotischen Erlebnissen treibt, und diese Sehnsucht treibt sie zwangsläufig auf den Markt der Esoterik, einen Markt voller Kitsch und falschen Meistern.

* * *

Wenn ich bei den esoterischen Richtungen, die mit der Spiritualität des Fernen Ostens kokettieren, die ethische Dimension vermisse, wie verhält es sich damit bei der zweiten populären und stark werdenden Gestalt heutiger Religiosität, mit den konservativen und fundamentalistischen Formen des Christen- und Judentums?

Deren Anhänger haben in der Regel den Mund voll von Moral; dramatische, moralisierende Predigten gehören zu den typischsten Versuchen der Rückkehr zur »old time religion«. Eine der stärksten Wurzeln der gegenwärtigen einflussreichen »religiösen Rechten« in den Vereinigten Staaten war die Bewegung des 2007 verstorbenen Reverend Jerry Falwell, die sich selbst »Moral Majority Movement« nannte. Beim näheren Hinschauen ist es fast bestürzend, wahrzunehmen, wie diese Moralagenda praktisch nur auf

Fragen fokussiert ist, die – beinahe obsessiv – rund um das Thema Geschlechtlichkeit kreisen (Abtreibungen, Verhütung, Homosexualität, Sex vor der Ehe). Den lärmenden Verfechtern dieses Typs von Sittlichkeit entgehen aber häufig komplett die moralischen Schlüsselprobleme unserer Zeit, wie ethische Fragen der wissenschaftlichen Forschung, der Technik, der Medien, des Umweltschutzes oder der sozialen Verantwortung. Sofern sie diese nicht gänzlich ignorieren, antworten sie darauf meistens nur mit einem pauschalen Verdammen dieser »Neuerungen« oder mit einem typisch fundamentalistischen Suchen nach Antworten in der Bibel (nach Antworten auf Fragen, die sich die Bibel nicht stellt und daher auch nicht beantwortet). Ihre Fixierung auf die Sexualität trägt eher den Charakter einer »moralischen Empörung über die Anderen«, als dass sie Einfühlung, Verständnis, Aufmunterung und vor allem reale Lösungen von komplizierten menschlichen Problemen in diesem intimen Bereich bieten würde. Die Frage der Verhütung ist für gewisse kirchliche Kreise zum *Schibboleth* (einem Erkennungszeichen zwischen Freund und Feind) geworden, mit dem die Rechtgläubigkeit einer Person beurteilt wird; im politischen Bereich sind es häufig wieder konservative Christen, die bereit sind, praktisch jeden Kandidaten zu unterstützen, sofern er sich nur für die Kriminalisierung von Abtreibungen ausspricht, auch wenn er einen unsinnigen Krieg entfacht oder keinerlei Sensibilität im Bereich der Sozialpolitik oder des Umweltschutzes mitbringt. Ein Mensch, der empört den Stein auf eine Frau wirft, die eine Abtreibung vorgenommen hat (oder es symbolisch mit lärmenden Protesten vor den Entbindungsstationen oder Parlamentsgebäuden tut), kann sich leicht in die Rolle des gerechten Gottes hineinversetzen, ohne dass er sich bemühen würde, darüber nachzudenken oder herauszufinden, was diese Frau zu jenem tragischen Schritt geführt hat, oder ihr gar materielle, psychische oder geistliche Unterstützung zu bieten, die sie von diesem Schritt abbringen könnte. Als würden die Tribune der »religiösen Rechten« vergessen, dass nicht jeder, der sich flammend über die verdorbene Welt empört, der zur Kriminalisierung von Abtreibung oder Homosexualität aufruft, dadurch schon ein Held der Moral ist.

Dieser Typus eines offensichtlichen Pharisäertums, das *Moral mit »moralischer Empörung« verwechselt* (erinnern wir uns, wie Jesus die Pharisäer für ihren lebensfernen moralischen Rigorismus geißelte), stellt eine der großen moralischen Bankrotterklärungen des gegenwärtigen Christentums dar. Nietzsche sprach vom »Moralin«, mit welchem diese Sittenprediger die Welt vergifteten, anstatt dazu beizutragen, das viele reale Leid tatsächlich zu lindern. Ohne den Versuch zu unternehmen, die Situation ehrlich zu analysieren und aufrichtig nach realen Auswegmöglichkeiten zu suchen (ich sage bewusst *suchen*, weil heute niemand über tatsächlich wirksame Rezepte verfügt), ist die Produktion von billigen moralisierenden Predigerphrasen »moralischer Kitsch«.

Vielleicht ist das Entsetzen über diese Gestalt des Christentums einer der psychologischen Gründe (oder vielleicht auch eine der willkommenen Rationalisierungen, die dazu genutzt werden, ihr Handeln vor sich selbst zu rechtfertigen), warum sich viele Menschen im Westen vom Christentum abwenden und sich zu einem Buddhismus der Salons oder einem Taoismus ohne moralische Ansprüche zuwenden – insbesondere ohne Ansprüche im Bereich der Sexualmoral, des sechsten der Zehn Gebote, aus dem ein gewisser Typus des Christentums das erste und fast einzige Gebot gemacht hat.

Die konservative »religiöse Rechte« hat allerdings unbestritten recht in der These, dass es zu einem völligen Kollaps kommen würde, wenn in der gegenwärtigen Gesellschaft die säkularistische Ideologie und der permissive moralische Relativismus auf ganzer Linie siegen würden; sie täuscht sich jedoch darin, wenn sie einen Ansatzpunkt in dem Versuch sieht, die vormoderne Gesellschaft wiederzubeleben. Diese Wiederbelebung ist schon deshalb irreal, weil die idyllische traditionelle Gesellschaft, die ihnen als Muster gilt, in Wirklichkeit nur eine romantische Fiktion ist: Die konservative Utopie der Romantiker war das ideologische Instrument ihres erfolglosen Kulturkampfes gegen den Geist der Aufklärung. Wir müssen nicht gerade zu Propagandisten der Ideologie des Fortschritts werden, um zu wissen, dass die »Geschichte nicht rückgängig gemacht«, gestrichen oder angehalten werden kann. An dieser Stelle kommt mir die Aussage Franz von Baaders in den Sinn: »Denn wenn Christus seine *Kirche* auf einen *Felsen* baute, so wollte er doch nicht, dass sie selber zu *Stein* würde.«[2]

Der *intelligente* Typ des Konservatismus, den die heutige Welt braucht wie das Salz in der Suppe, wählt statt der Fortsetzung dieses Don Quijote'schen Kampfes gegen die Neuzeit den Weg des Dialogs; ein Beispiel dafür kann der bekannte Dialog Kardinal Ratzingers mit dem »linken« Philosophen Jürgen Habermas sein, der mit dem beiderseitigen Einverständnis endete, dass sich das heutige Christentum und der heutige Liberalismus gegenseitig brauchen, weil beide Seiten nur im gegenseitigen Dialog ihre Einseitigkeiten korrigieren können. Dieser Typ des Konservatismus bringt in die Diskussion mit dem liberalen Relativismus ein wichtiges Argument ein: Der Relativismus *vergisst, sich selbst zu relativieren*. Hinter seiner Forderung nach Toleranz steht allzu häufig die Intoleranz all jenem gegenüber, das aufzeigen könnte, dass der Relativismus selbst dem unterliegt, was er dem Fundamentalismus vorwirft – *dass nämlich er selbst nicht mehr als eine der vielen möglichen Perspektiven auf die Wirklichkeit ist*; dass sein Anspruch, alle »Weltsichten« besser zu verstehen als sie sich selbst, und die daraus abgeleitete Legitimation, diese in die Rolle nur eingeschränkter und partieller Wahrheiten drängen zu können, auf der hochmütigen und unbegründbaren Voraussetzung der eigenen universellen Gültigkeit und Souveränität basieren. Wenn es dieser »konservativen« Kritik am Relativismus gelänge, den Relativismus seines unberechtigten Anspruchs auf Universalität zu überführen (und des imaginierten Anspruchs auf den Besitz der einzigen Wahrheit), dann muss dies nicht zum absoluten Skeptizismus führen, sondern zum »*Perspektivismus*« – zur Erkenntnis, dass wir *alle* die Wirklichkeit aus einem bestimmten Blickwinkel betrachten und wir gerade deshalb einen von gegenseitigem Respekt getragenen Dialog brauchen, von dem niemand von vornherein ausgeschlossen werden darf.

Auf den naiven und aufbrausenden Konservatismus der Fundamentalisten wirkt jedoch bereits der Begriff »Dialog« (eines der Schlüsselwörter des Zweiten Vatikanischen Konzils) wie ein rotes Tuch auf einen Stier; er sieht hinter ihm bereits die Kapitulation und die Fahnenflucht vom treuen Dienst auf dem Wachturm der Wahrheit und Moral. Dieser fundamentalistische Konservatismus ist nicht in der Lage, von seinem naiven Anspruch auf universelle Gültigkeit zurückzutreten – und bestärkt dadurch seine extrem liberalen Opponenten in ihrem spiegelbildlich gleichen, gleich naiven und gleich arroganten Anspruch auf die universelle Gültigkeit *ihrer* Ideologie (was umso gefährlicher ist, weil im Unterschied zum konservativen Fundamentalismus die antifundamentalistische Rhetorik häufig undurchschaut bleibt).

Jeder Fundamentalismus und Fanatismus braucht notwendigerweise einen Feind, mit dem er sich selbst und die Welt in Angst und Schrecken versetzen kann. Als der westliche Liberalismus (der schon die kommunistischen Ideologen so sehr in Angst versetzte), die nachkonziliaren Kirchenreformen oder die freimaurerische Europäische Union aufgehört hatten, ausreichend wirksame Schreckgespenste zu sein, weil sich die Menschen an dieses alles gewöhnt hatten und feststellten, dass man damit ganz gut leben kann, fand der christliche Fundamentalismus einen willkommenen Gegner im islamischen Fundamentalismus, der durch die Ereignisse des 11. Septembers 2001 die Aufmerksamkeit der Welt auf sich gezogen hatte. Endlich kann dieser Typ des romantisierenden Christentums wieder das Kostüm der Kreuzritter anziehen und mit der Wiederbelebung des längst vergangenen Erschreckens vor den blutrünstigen Mohammedanern die nostalgische Vorstellung eines »christlichen Europas« verbinden, so wie es sich die romantischen Philosophen und die Autoren der historischen Romane des 19. Jahrhunderts in ihrer Phantasie vorgestellt hatten.

Das aber, was ich den Traditionalisten wirklich übel nehme, ist, dass sie kein Verständnis von Tradition haben wollen. Während die Tradition in Wirklichkeit ein faszinierender vielgestaltiger Fluss ist, ein reicher und dynamischer, reduzieren ihn die Traditionalisten immer nur auf eine Gestalt, die sie – in aller Regel auch noch mit einem bezeichnend schlechten Geschmack – zu ihrem Vorbild und Muster bestimmen und mit einer legitimierenden Weihe versehen. Wenn man die Theologie der gegenwärtigen katholischen Traditionalisten untersucht, wird deutlich, dass sie aus dem Reichtum des vielschichtigen Stromes der katholischen Tradition offensichtlich das am wenigsten fruchtbare Fragment auswählten – die Neuscholastik des 19. Jahrhunderts – und daraus ihren »Fetisch« machten, der ihnen vortäuscht, dass die schon abgestorbene Gestalt jenes triumphalistischen Katholizismus der späten Moderne irgendwie magisch weiterlebt. Dabei sind sie gerade jenem Ideal der Neuzeit verfallen, gegen das sie so sehr gekämpft haben. Sie haben sich nämlich bemüht, auch aus der Theologie ein quasi-positivistisches System von genauen und klaren Definitionen zu machen, so wie es Descartes mit seiner Idee des »clare et distincte« forderte.³

Etwas jedoch, was willkürlich ausgewählt und aus dem Ganzen herausgerissen und dann zu Unrecht als das Ganze ausgegeben wird, ist – streng theologisch und linguistisch genommen – eine *Häresie*; die »Jagd auf die Häretiker«, der beliebteste Sport und häufig die einzige Aktivität der fundamentalistischen Traditionalisten, soll in Wahrheit (wie es bei neurotischen Pseudoaktivitäten der Fall ist) ihnen selbst und der Welt verbergen, dass *sie* die Häretiker sind. Dagegen ist es heute dringend geboten, die Fülle, den Reichtum und die Tiefe der katholischen Tradition zu entdecken und den Schritt vom »Katholizismus« zur wirklichen *Katholizität* zu unternehmen.

Wenn ich über die typische militante Mentalität der Fundamentalisten nachdenke (egal, ob es sich um den islamischen, christlichen oder jüdischen Fundamentalismus handelt), erinnere ich mich wieder an eine Notiz von Slavoj Žižek. Žižek sieht die Hauptquelle der militanten religiösen Unverträglichkeit nicht im monotheistischen Hang zum Exklusivismus (der Ausschließlichkeit, *dem Gefühl*, die einzige Wahrheit *zu besitzen*, den einzigen richtigen Gott), wie manche vermuten. Der Fanatismus und die Gewalt mancher Verfechter der monotheistischen Religionen verraten vielmehr ihren versteckten Polytheismus, ihre Vielgötterei. Denn wenn ein Gläubiger fanatisch den Gläubigen einer anderen Religion hasst, hasst er in Wirklichkeit nicht diesen Menschen, sondern dessen Gott; er glaubt, dass sein Kampf mit jenem Falschgläubigen in Wirklichkeit ein *Kampf zwischen den verschiedenen Göttern* bedeutet, ein Kampf seines Gottes mit dem anderen, falschen Gott, der damit aber immerhin als Gott existiert. Ein wirklicher Monotheist kann dagegen tolerant sein, weil er, auch wenn er den Andersgläubigen für einen Menschen hält, der nicht vom rechten Glauben erleuchtet ist, ihn respektieren kann. Denn er muss von ihm nicht annehmen, dass er unverbesserlich böse ist.[4]

* * *

Wenn wir den gegenwärtigen katholischen Traditionalismus verstehen möchten, müssen wir es wagen, kritisch zu analysieren, was diese unglückliche Reaktion in der Kirche selbst hervorruft und am Leben hält. Das Christentum in den sechziger Jahren ging vor allem in großen Teilen Europas durch eine tiefe Krise, von der es sich bisher nicht vollständig erholen konnte. Das modernisierte, liberalisierte, humanisierte und säkularisierte *Christentum mit einem menschlichen Antlitz* brachte nicht die erwartete Annäherung der Religion an den modernen Menschen, es hinterließ vielmehr Verwirrung in den religiösen Institutionen und Enttäuschung auf allen Seiten: Die Protagonisten radikaler Reformen sehen in den bisher verwirklichten Reformen nur die halbe, unvollendete Revolution und verlassen die Kirche wegen deren Konservatismus; die ängstlichen Bewahrer der Tradition fürchten sich vor den durchgeführten Veränderungen und verlassen die Kirche, weil sie ihnen zu modernistisch und verweltlicht vorkommt; die konformen »Gewohnheits-Christen« verlassen die Kirche zwar formal nicht, hören aber auf, sich mit ihr zu identifizieren, und sagen sich innerlich von ihr los; und Menschen, die auf einer religiösen Suche sind, finden sie wiederum langweilig und haben aufgehört, von ihr Antworten auf ihre Fragen und Probleme zu erwarten.

Der Verfall des kirchlichen Christentums wird in vielen Untersuchungen damit belegt, dass die Kirchen immer leerer werden; in der Realität besteht die Krise aber vielmehr in der verborgenen Tatsache, dass auch eine große Menge derer, die die Kirchen weiterhin besuchen, *in beträchtlichem Maße ihre innere Beziehung zur Kirche gelockert haben,* und das auch zu dem, was die Kirche auf dem Feld des Glaubens und der Moral verkündet. Die Kirche hat für einen großen Teil der heutigen Katholiken aufgehört, »Mutter und Lehrerin« zu sein. Sie ist vielmehr zu einer der Institutionen geworden, die spezialisierte Dienste anbieten; sie ist eher zum Einkaufszentrum als zu einem Zuhause geworden.

Die katholische Kirche hat unter dem Pontifikat von Johannes Paul II. bis zu einem gewissen Grade vieles vom evangelikalen Stil der medialen Selbstpräsentation erfolgreich gelernt, und dieser charismatische Papst ist allmählich zur vielleicht bekanntesten Medienikone des Planeten geworden. (Auch wenn ihn liberale Medien in der größten Zeit seines Pontifikates mit den ehrenrührigen Etiketten eines Reaktionärs überhäuften, »zahlten« sie ihm in gewissem Maße diese »Schuld« am Ende seines Lebens »zurück« – wie ein evangelischer Theologe bemerkte. Die Medien produzierten aus dem Sterben, dem Tod und der Beisetzung des »polnischen Papstes« und aus der Wahl seines Nachfolgers im Jahr 2005 eine Art von »globaler Passion«.) In den Stadien bei Papstbesuchen, »Weltjugendtagen«, Wallfahrtsgottesdiensten und kirchlichen Zusammenkünften (z. B. den berühmten deutschen Kirchentagen) bietet die gegenwärtige Kirche – durch eine Form, die an die Pseudoliturgie der olympischen Mega-Zeremonien erinnert – auch eine bestimmte Art einer am Erlebnis orientierten »Religiosität«. Und nur selten wagt es jemand innerhalb der Kirche dagegen einzuwenden, dass sich aus diesen Erlebnissen offenbar nur schwer ein tieferer und dauerhafter Glauben herausschlagen lässt – auch wenn die Religiosität unbestreitbar Emotionen, Erlebnis und Erfahrung braucht. Die Jugend feiert bei verschiedenen Massentreffen stürmisch den Papst, aber macht sich keine großen Sorgen, was derselbe Papst auf dem Gebiet der Moral, insbesondere der Sexualmoral, lehrt; die Menschen kaufen sich gerne Souvenirs, die an einen Papstbesuch erinnern, aber die Frage, wovon der Papst gesprochen hat, würde viele schon eine Stunde danach in Verlegenheit bringen.

Die Kirche verfügt (Gott sei Dank) nicht mehr über die Inquisition, die einst mit Feuer und Schwert die kleinsten Abweichungen im Bereich der Glaubenslehre abwehrte; die Kongregation für die Glaubenslehre, der historische Nachfolger des Heiligen Offiziums, stellte ihr langjähriger Präfekt Ratzinger gerne als eine Institution vor, die Theologen fachlich berät. Diese Institution ist zwar in der Lage, die akademische Laufbahn mancher Lehrer der Theologie sehr ungemütlich zu machen, die es gewagt haben, eine allzu nonkonformistische Auslegung subtiler theologischer Probleme zu formulieren, jedoch hat sie sich offensichtlich lieber nicht mehr die Frage gestellt, woran und wie de facto Millionen von regelmäßigen Gottesdienstbesuchern in den katholischen Kirchen glauben. Die Untersuchungen, die zu diesem Thema durchgeführt wurden, könnten die Kirche zu Recht beunruhigen: Eine beträchtliche Prozentzahl derer, die sich für katholisch halten, haben den Glauben an den persönlichen Gott in eine vage Sympathie zu einer unbestimmten »höheren Macht« oder »kosmischen Energie« eingetauscht, die Aufforderung Jesu zu radikaler Umkehr in eine humanistische Moral, den Glauben an den Himmel und an die Auferstehung des Leibes in die Erwartung weiterer Leben im Kreislauf der Reinkarnation, und die Lehre über die Hölle und den Teufel haben sie weggelegt in die Schachtel mit den Kinderspielzeugen. Man sollte jedoch all diejenigen, die dieser Zustand *allzu sehr* erschreckt, daran erinnern, dass wir nur sehr schwer das rekonstruieren können, was in den Köpfen der »einfachen Gläubigen« im Mittelalter vor sich ging, und dass man nur sehr schwer vergleichen kann, ob dieses jenem viel näher war, was die Priester damals predigten und worüber die gelehrten Theologen damals schrieben. Ich weiß nicht, woher die Vorstellung kommt, dass das Christentum eine Massenreligion sein soll und kann; sicherlich muss es eine offene Herausforderung für alle bleiben, keine elitäre Sekte von Eingeweihten zu sein, jedoch hat bereits Jesus selbst sehr realistisch bemerkt, dass der Weg, den er bietet, steil und schmal ist und dass nur wenige ihn beschreiten können. Und Kardinal Ratzinger empfahl ein Jahr vor seiner Wahl zum Papst in einer Rede in der Bibliothek des italienischen Senats den europäischen Christen, dass sie die Rolle einer »kreativen Minderheit« annehmen sollten.

Der Misserfolg des liberalen Katholizismus der sechziger Jahre (der zu großen Teilen in der Kirche bis heute fortwirkt, sofern sich diejenigen, die diesem Typ des Katholizismus gefolgt sind, nicht schon längst äußerlich oder zumindest innerlich ganz von der Kirche getrennt haben) war augenscheinlich vor allem dadurch verursacht, dass das unerlässliche Zugehen »auf die Welt« meistens nicht von einer adäquaten »Ausrichtung auf die Tiefe« begleitet war. In einer Kirche, die immer noch vom ängstlichen und defensiven Geist des Ersten Vatikanischen Konzils geprägt war, war es nach dem Tod von Pius XII. so stickig und drückend, dass Johannes XXIII. tatsächlich dringend die »Fenster weit aufreißen« musste, damit aus der katholischen Kirche nicht eine Sekte von Sonderlingen wurde. Man muss jedoch wahrscheinlich eingestehen, dass in jener Zeit durch die Fenster vielleicht eher die Düfte jener »zweiten Aufklärung« der liberalen sechziger Jahre in die Kirche hineingeweht sind als der erwartete Sturmwind eines neuen Pfingsten.[5]

Als an der Schwelle zur Neuzeit die Kirche die Öffnung der Grenzen des europäischen Selbstbewusstseins miterlebte und in den durch die Europäer entdeckten und machtvoll eroberten neuen Raum (vielmals jedoch auf tragische Weise) hineingeschritten ist, begleitete diesen Aufschwung auch der vitale neue Strom der barocken (insbesondere der spanischen) Mystik. Als in den sechziger Jahren des 20. Jahrhunderts die Menschheit dabei war, die Schwelle des Kosmos zu überschreiten, und die katholische Kirche nach dem Konzil einen ökumenisch-offenen und sicher mutigen und notwendigen Schritt über ihre eigene Schwelle auf die anderen Christen, zu den nicht-christlichen Religionen und insbesondere auf die säkulare Welt hin tat, konnte man kaum etwas Vergleichbares finden.

Aus welchen Früchten der Mystik des 20. Jahrhundert hätte damals die nachkonziliare Kirche schöpfen können? Die Mystik Teilhards de Chardin ist zu intellektualistisch geblieben, als dass sie die Frömmigkeit in der Kirche hätte breit beeinflussen können, die Frömmigkeit der »neuen Bewegungen« wiederum ist meistens zu traditionell pietistisch geblieben, als dass sie die Menschen »in der Welt« gefesselt hätte. Die Mystikerin des schmerzhaften säkularen Durstes nach Gott, Simone Weil, hat offensichtlich die Schwelle der Kirche letztendlich nicht überschritten, und dass Mutter Teresa von Kalkutta nicht nur eine grandiose Sozialarbeiterin und ein Engel der Barmherzigkeit war, sondern auch eine geistige Schwester der großen Mystiker der dunklen Nacht der Seele, haben wir nur eingeschränkt, spät und ungewollt aus den Texten erfahren, die trotz ihres ausdrücklichen Verbotes etliche Jahre nach ihrem Tod publiziert wurden. Die häufig zitierte Aussage Karl Rahners, dass der Christ der Zukunft entweder ein Mystiker sein wird oder gar nicht sein wird, spricht, so erscheint es mir, über eine Angelegenheit, die bisher noch nicht entschieden ist.

* * *

In den sechziger Jahren des 20. Jahrhunderts erwachte an den amerikanischen Universitäten ein weiterer Typus einer erfolgreichen Religion, den wir in den Strom der postmodernen oder »postsäkularen« Rückkehr der Religion einreihen können: die Pfingstbewegung oder charismatische Bewegung (in der etwas ruhigeren katholischen Variante die »Bewegung der charismatischen Erneuerung« genannt). Ihr gebührt das unbestreitbare gewaltige Verdienst, dass sie in vielen Christen über die Konfessionsgrenzen hinweg die Freude am Gebet und die Freude am Glauben erweckte.

Handelt es sich hierbei endlich um jene erlösende Verjüngung und Erneuerung der Kirche des Christentums, das auf diese Weise der gnostischen und neuheidnischen Herausforderung der New-Age-Bewegung gegensteuern und dabei sowohl dem rigiden Konservatismus der Fundamentalisten als auch dem müden und unfruchtbaren Liberalismus des »Neomodernismus« ausweichen könnte?

Es ist interessant, wie diese Bewegung Elemente zweier radikal entgegengesetzter Strömungen der zeitgenössischen religiösen Mobilisierung zu verbinden weiß: Mit der New-Age-Bewegung (welche von den »Charismatikern« jedoch scharf verurteilt und dämonisiert wird) verbindet sie die Betonung des emotionalen Erlebnisses, während sie in ihrer Theologie dem Fundamentalismus manchmal bedenklich nahekommt (insbesondere durch die Dämonisierung der außerchristlichen Religionen). Es ist sicher großartig und verdienstvoll, dass sich die Pfingstchristen der vernachlässigten dritten Person der Trinität angenommen haben, und es wäre zu wünschen, dass sie dem Hauch des Geistes so aufmerksam wie möglich lauschen würden – wenn sich das Christentum verjüngen soll, muss die Kirche ja gerade im Geist (und nicht in den billigen Kompromissen oder, im Gegensatz dazu, in den aufreibenden und Kräfte zehrenden Kriegen mit dem »Zeitgeist« und dem »Weltgeist«) ihre »Biosphäre« finden. Insbesondere in der letzten Zeit und in Tschechien kann ich mich jedoch nicht des Eindrucks erwehren, dass viele Pfingstler ihre eifrige Aufmerksamkeit eher den »bösen Geistern« widmen als dem Geist Christi. Wenn das liberale Christentum zu leicht den Teufel aus dem Salon der humanistischen Religion herauskomplimentiert hatte, nehmen sich die Fundamentalisten und die pfingstlichen »Charismatiker« seiner umso leidenschaftlicher an, gewähren ihm einen ungewöhnlich wichtigen Raum in der heutigen Welt und entdecken ihn hinter jeder Ecke; Exorzist ist wieder ein attraktiver Beruf in diesen kirchlichen Kreisen. Wenn ich verfolge, wo überall die ungebetenen Teufelsaustreiber heute ihre Teufel austreiben (in homöopathischen Heilverfahren, bei den Kräutermännern und Naturheilkundlern, in den Yogakursen, in der Hypnose, sogar in der rogerianischen Psychotherapie und wer weiß wo überall noch), wundere ich mich nicht, dass sie wegen ihrer eifrigen

»Spielchen mit dem Teufel« die *wirklich* dämonischen Züge der gegenwärtigen Gesellschaft übersehen. Das, worauf sie sich fokussieren, ist oft ein einfacher Aberglaube (ein übertriebenes Vertrauen in etwas, das einen derart großen Glauben und so viel Beachtung nicht verdient, auch wenn es meistens »an sich« gutartig ist). Die katholische Kirche war in ihrer Geschichte gegenüber dem Aberglauben, dieser dauerhaft unheilbaren Psychopathologie des Alltags, meistens großzügig weise, manchen integrierte sie sogar und »taufte« ihn; in den Zeiten, als sie sich zum Aberglauben grundsätzlich anders verhielt – zum Beispiel zu Zeiten der Hexenjagd –, kann sie meistens im Rückblick nicht allzu stolz auf sich sein. Ich bezweifle nicht, dass diese Welt Exorzismus und Exorzisten braucht, jedoch sollten diejenigen, die sich in diese Aufgabe so kopflos stürzen, über ihre Risiken Bescheid wissen; der Teufel ist bekanntermaßen ein erfahrener Dialektiker – und diejenigen, die mit ihm nach dem Vorbild des heiligen Prokop pflügen wollen, können sich ob ihres großen Eifers bei jeder kleinen Unachtsamkeit überraschend schnell in der Rolle des vor den Pflug Gespannten wiederfinden.

Der katholische Zweig der Pfingstbewegungen der charismatischen Erneuerung hatte in seinen Anfängen das Glück, dass er einige bedeutende Theologen gewinnen konnte, z. B. in Deutschland Heribert Mühlen, aber auch in Tschechien einige ehrwürdige Persönlichkeiten. In letzter Zeit, so scheint es mir, ist jedoch diese Bewegung theologisch erheblich verödet. Sie hat vom protestantischen Fundamentalismus unkritisch das übernommen, worin die katholische (insbesondere die thomistische) Tradition stets zu Recht eine Häresie gesehen hat: den anthropologischen Pessimismus, den schwarzweißen Blick auf die Welt, in der es nur diejenigen gibt, die explizit »Christus als ihren Heiland bekennen«, und daneben nur noch die Masse der Verstoßenen; eine Welt, in der gilt: »Wer nicht mit uns ist, ist gegen uns«. Dann besteht nur noch ein Schritt hin zur gnostischen Versuchung, dass die »neuen Bewegungen« in der Kirche wie ein brüllender Löwe umhergehen: Manchmal besteht die Kirche in ihrem Verständnis aus zwei Schichten, aus gewöhnlichen, nicht erleuchteten Gläubigen und dann aus ihnen, den erneuerten und erleuchteten. Wenn ich die leicht ironischen Bemerkungen des heiligen Paulus an die Adresse der Charismatiker seiner Zeit lese, würde ich sagen, dass er schon damals mit all diesen Erscheinungen ähnliche Erfahrungen machte.

***

Ich will nicht behaupten, dass wir mit der Aufzählung dieser Phänomene in der gegenwärtigen religiösen Szene erschöpfend das behandelt haben, was man mit dem Schlagwort der »Rückkehr der Religion« belegt, und ich bin mir dessen bewusst, dass sich auch im Hinblick auf diese Phänomene noch vieles Andere (und Positiveres) finden ließe, als ein flüchtiger und vielleicht zu skeptischer Blick eines Menschen festhalten kann, der in ihnen seinen eigenen Glauben nicht wiedererkennt. Ich habe mich auf das beschränkt, was am auffälligsten ist und am häufigsten erwähnt wird, ich habe dabei eine Reihe von »neuen Bewegungen« beiseitegelassen – egal, ob innerhalb der traditionellen Kirchen oder außerhalb von ihnen –, von denen man viele weder einfach zum synkretistischen Typ à la »New Age« noch zum Fundamentalismus der Traditionalisten, noch zu den pfingstlichen Ekstatikern zählen kann.

Ich habe jene drei Formen von Religion vor allem deshalb erwähnt, weil ich gerade in ihnen die Bemühung erkenne, auf die Krise der Moderne zu antworten, auf die Schwächen des neuzeitlichen Humanismus und auch auf die Schwächen jener Version des Christentums, die sich zu unkritisch dem neuzeitlichen Humanismus angepasst hat. Jedoch kann ich nicht verschweigen, dass ich bisher – vielleicht nur aufgrund meiner eigenen Kurzsichtigkeit – in diesen Formen jenes große Zeichen der Hoffnung für die heutige Welt nicht erkannt habe.[6]

Wahrscheinlich wäre es nützlich und scharfsichtig, den flammenden Appell Johannes Pauls II. zur »Neuevangelisierung Europas« nicht als eine Aufforderung zum emotionalen Missionszug vom Typ einer triumphalistischen »religiösen Mobilmachung« zu begreifen (wie das, so fürchte ich, viele »neue Bewegungen« in der Kirche interpretiert haben), sondern als eine Aufforderung zur demütigen und geduldigen »Rückkehr in die Schule«. Will die Kirche als Institution heutzutage ihren Gläubigen in der Bemühung, in »dieser Welt« nicht unterzugehen, mit etwas wirklich Bedeutsamen, das nur sie geben kann, helfen, dann muss sie – wie der in Cambridge lehrende Theologe Nicholas Lash sagt – *zur Schule der christlichen Weisheit* werden.

Wenn heute die Kirche von der Synagoge, von der sie sich einst emanzipierte, wieder etwas lernen kann, dann ist es gerade dieses: *ein Ort des Lernens* zu werden (und sicher auch des Gebetes, des Feierns und der Diakonie) und lange und geduldig zu *lernen*, bis sie wieder zur Aufgabe reifen kann, die ihr Christus anvertraute: Geht und lehrt alle Nationen.

Anmerkungen

[1] Vgl. Williams, B., The Unexpected Way: On Converting from Buddhism to Catholicism, Edinburgh/New York 2002.

[2] Baader, F. von, Biographie und Briefwechsel, hrsg. von F. Hoffmann, Leipzig: Bethmann 1857, Brief 211 vom 10.11.1834, Hervorhebung Th. H.

[3] Kardinal Avery Dulles, den wohl niemand des »Modernismus« verdächtigen kann, bemerkte hierzu zutreffend: »Die neuscholastische Theologie des neunzehnten und des beginnenden zwanzigsten Jahrhunderts war – auch wenn sie rigoros orthodox war – vom cartesianischen Rationalismus und Mathematismus schwer infiziert.« (Vgl. Dulles, A., The Craft of Theology: From Symbol to System, New York 1995).

[4] Vgl. Žižek, S. / Milbank, J., The Monstrosity of Christ: Paradox or Dialectic?, Cambridge/London 2009, S. 247.

[5] Die Konzilsdokumente spiegeln den Geist der großen Theologen des 20. Jahrhunderts wider, von denen viele als Konzilsberater gewirkt haben. Im folgenden Jahrzehnt überwiegt aber dann in der Kirche der Stil eines äußerlichen »journalistischen« Blicks auf die »open church« und das Interesse für untergeordnete, nebensächliche Aspekte der Reformen.

[6] Persönlich sehe ich die gegenwärtige Debatte um die »Rückkehr der Religion« insofern als positiv an, als die Religion wieder in den Mittelpunkt der Aufmerksamkeit der säkularen Welt rückt und sie von der zeitgenössischen postmodernen Philosophie auf interessante Weise reflektiert wird.

4. Hoffnung für alle?

Ich denke nicht, dass man unsere Zeit pauschal als so moralisch verdorben bezeichnen kann, wie es die Fundamentalisten und Sektierer behaupten, um ihre potenziellen Anhänger mit den Posaunen der Apokalypse und den Trommeln der Angst aus der verdorbenen Welt in den sicheren Pferch treiben, in dem niemand ihr Monopol auf Gott, die Wahrheit und die Macht in Zweifel ziehen darf. Denn gerade in dieser unserer Zeit – nach den schrecklichen Erfahrungen des 20. Jahrhunderts – haben viele Menschen die Augen vor dem Ernst jener Gefahren geöffnet, denen sich frühere Generationen nicht stellen mussten beziehungsweise die sie aufgrund ihrer embryonenhaften Gestalt unterschätzten. Es darf nicht übersehen werden, dass die Anzahl derer wächst, die wirklich Verantwortung übernehmen, die Solidarität gegen Egoismus, Gewaltlosigkeit gegen Grausamkeit, Dialog gegen Fanatismus, Achtung vor dem Leben gegen die rücksichtslose Ausbeutung der Natur, Respektierung der allgemein menschlichen und bürgerlichen Rechte jedes Menschen gegen Rassismus und Nationalismus und Ähnliches durchsetzen. Diese Menschen gibt es über alle konfessionellen Grenzen hinweg, unter Christen und Nichtchristen, unter Gläubigen und Nicht-Gläubigen.

Trotzdem gibt es bisher auf die gegenwärtig größte Gefahr – das Risiko einer totalen Manipulation der Spezies

Mensch, die durch die Entwicklung der Gentechnik technisch möglich wurde – noch keine adäquate Antwort. Hier tritt das größte Paradoxon und der Bankrott der Moderne zutage: Die größten Leistungen der in sich selbst verliebten Vernunft führen zu einem Wahnsinn, der durch nichts gestoppt werden kann.

Hier hilft jedoch weder ein sich in die Vergangenheit flüchtendes Lamentieren noch die Flucht in das Paradies einer spirituellen Seligkeit. Ich schätze die katholische Kirche gerade deshalb, weil sie mit ihrem lauten und energischen NEIN zu den unverantwortlichen Experimenten mit der Spezies Mensch zu einem der letzten Verteidiger der gesunden Vernunft und des Gewissens auf diesem Gebiet geworden ist und dabei keine Angst hat, in den schlechten Ruf einer »Bremse des Fortschritts« zu geraten. Es gibt nämlich Momente, in denen selbst die leistungsfähigsten Fahrzeuge äußerst gefährlich sind, wenn sie keine Bremse haben; und wenn man am Rand des Abgrunds steht, ist die Aufforderung »vorwärts marsch« nicht unbedingt der klügste Befehl. Aber so mutig und klar der Protest und so weise die Warnungen der Kirche vor einem naiven Fortschrittsglauben auch sein mögen, reicht selbst dieser Dienst nicht aus, um die Gefahr abzuwenden.

Das de facto letzte Hindernis gegen unwiderrufliche Schritte völlig unverantwortlicher Experimente mit dem »menschlichen Material« stellen heute notdürftige, leicht umgehbare (und häufig schnell und verantwortungslos aufgehobene) Gesetze dar. Aber auch hier ist es – ähnlich wie bei der Frage der Abtreibungen – nicht möglich, alles an gesetzliche Verbote zu delegieren und sich nur auf sie zu verlassen. Die Sehnsucht, den Rubikon zu überschreiten und das Geschenk des Menschseins völlig in die eigene menschliche Regie zu übernehmen, ist zu stark. Diese Sehnsucht gibt sich gern als jene Sehnsucht der Vernunft aus, ihre Möglichkeiten ganz auszuschöpfen: Wer hätte den Mut, sich nach Jahrhunderten des Einflusses der europäischen Aufklärung in die Rolle eines Beschränkenden zu begeben, der dem Siegeszug der Vernunft und der Wissenschaft zu einem noch luxuriöseren Morgen im Wege steht?

Aber bereits Pascal wusste, dass es die würdevollste Leistung der Vernunft ist, ihre Grenzen zu erkennen und anzuerkennen. Nicht alles, was wir machen können (im Sinne von »in der Lage sein«), können wir auch (im Sinne von »dürfen« und »sollen«) tun. Bereits der heilige Paulus lehrte: »Alles ist erlaubt, aber nicht alles dient zum Guten« (1 Kor 10,23). Die Fähigkeit zu Selbstdisziplin und Selbstbeschränkung, die Kunst der Verantwortung und der »Askese der Vernunft«, die demütig die Grenzen ihrer Macht anerkennt, wurde während der Moderne von der Logik des Marktes, der Leidenschaft des Wettbewerbs, der Vergötterung des Ruhmes und vor allem vom Streben nach Gewinn ersetzt. Der Moneytheismus ist ein Dienst an Göttern, die radikaler und unersättlicher als frühere Gottheiten Menschenopfer fordern: Inzwischen geht es jedoch nicht mehr um diesen oder jenen Menschen oder um einzelne Gruppen von Menschen, jetzt fordert man das Opfer des Menschseins selbst. Die Möglichkeit einer Selbstzerstörung der Menschheit, die die nuklearen Massenvernichtungswaffen darstellten (und die auch weiterhin besteht), jagt sicherlich zu Recht Angst ein; in der Möglichkeit eines nicht mehr rückgängig zu machenden Verpfuschens des Werks des Schöpfers durch unverantwortliche Eingriffe in die biologische Grundlage des Menschseins sehe ich jedoch – ich kann mir nicht helfen – eine noch tragischere Bedrohung.

Das Menschsein bekommt einen neuen Status. Bis vor kurzem galt, dass man für Geld alles bekommen kann außer dem Leben; jetzt wird das menschliche Leben selbst eine Ware – ein bestellbares, programmierbares, korrigierbares, umtauschbares, ersetzbares Produkt.

Oder steckt hinter dem, was in den Labors des gentechnischen Ingenieurwesens geschieht, noch etwas Tieferes als die Sehnsucht nach Gewinn und Ruhm? Ist nicht die Anstrengung, das Geheimnis des Lebens, das Geheimnis des Menschseins total in die eigene Regie zu übernehmen, Ausdruck eines *Verlusts an Vertrauen und Hoffnung* in die Wirklichkeit als solche, in ihren – nicht vom Menschen begründeten – Sinn? Aktualisiert sich hier nicht jene Mutter aller Schuld, von der die biblische Paradies-Geschichte in der Sprache des Mythos erzählt? Als der Mensch, *weil er kein Vertrauen* in die Richtigkeit und Ernsthaftigkeit des Verbotes hatte, nach der Frucht der Erkenntnis griff, um sich danach auch des Baums des Lebens zu bemächtigen?

Der Titanismus wurde häufig – insbesondere von religiösen Denkern, wie z. B. dem ersten tschechoslowakischen Präsidenten Masaryk – als Ausdruck des Stolzes verurteilt. Vielleicht besitzt er aber noch ein anderes Motiv: die Angst vor der Einsamkeit im Weltall, in dem der Horizont eines letzten Sinnes ausgelöscht wurde (wie es Nietzsche dramatisch in dem berühmten Aphorismus über die Ankündigung des Todes Gottes schilderte). Ist nicht das »Spiel mit Gott« auch eine Frucht der Angst und der Langeweile, die sich aufgrund des leeren, abgeschlossenen Raumes der Welt, die ihres Geheimnisses beraubt wurde, eingestellt hat? Jener Welt, in welcher der Mensch sich selbst überlassen ist und meint, dass er alles selbst beschaffen, herstellen und beherrschen muss, dass er letztendlich sich selbst in sein eigenes Erzeugnis verwandeln muss?

Ich fürchte, dass den Menschen auf dem Weg zur Selbstzerstörung nichts mehr aufhalten wird, wenn er nicht wieder ein *Ur-Vertrauen* gewinnt; also jenes Vertrauen in einen Sinn, der der eigentlichen »Sinngebung« vorausgeht. In ähnlicher Weise haben die Philosophen einer »Lebenswelt«, insbesondere Husserl und Patočka, davor gewarnt, welche destruktiven Folgen es haben könnte, wenn man sich wie in der Neuzeit einseitig auf die Macht der »Wissenschaftstechnik« verlässt. Wenn für den Menschen die Welt nicht durch das radikal geöffnet ist, was wir mit dem Wort Hoffnung umschreiben, so wird es wahrscheinlich vergebens sein, an die menschliche Verantwortung zu appellieren. Wenn der Mensch seine ganze Hoffnung nur auf seine eigenen Aktivitäten setzt, wird seine Situation, so fürchte ich, in der Tat hoffnungslos werden.

Wo aber stößt die menschliche Verantwortung an ihre Grenzen? Wenn der Mensch im Zustand des Nichterwachsenseins bleiben, die Kraft seiner Vernunft nicht nutzen und nur passiv Hilfe von außen oder »von oben« erwarten würde, würde diese Verantwortungslosigkeit und Unreife in der Sprache der christlichen Ethik mit Recht als Sünde des Unterlassens bezeichnet werden. Aber es existiert auch ein zweites Extrem der Verantwortungslosigkeit und Vermessenheit – wenn nämlich der Mensch die Kraft seiner Vernunft insofern überschätzt und vergöttert, dass er sich niemandem gegenüber mehr verantwortlich fühlt; wenn er nur den Widerhall seiner eigenen Stimme hört und nicht mehr jene Stimme wahrnimmt, die durch sein Gewissen spricht. Wenn der Mensch von seinen Erfolgen so sehr geblendet und betäubt ist, dass er die Warnungen seines Gewissens nicht mehr wahrnimmt, wird er nur schwerlich vor jenem Abgrund anhalten, in welchem die Geschichte seines ganzen Lebens als tragischer Misserfolg enden kann. Das gilt sowohl für den einzelnen Menschen als auch für die Menschheit als Ganze. Wenn der skrupellose, selbstgefällige Monolog der menschlichen Macht durch die Möglichkeiten der gegenwärtigen und zukünftigen Wissenschaftstechnik ad absurdum potenziert wird und nicht durch eine *dialogische Beziehung des Menschen zur Welt* ersetzt wird (und das ist, meiner tiefsten Überzeugung nach, das eigentliche Geheimnis des religiösen *Glaubens*), sehe ich keinen anderen Weg zur Rettung mehr.

Deshalb kann ich das unterschreiben, was die beiden Päpste Johannes Paul II. und Benedikt XVI. so eindringlich betonten: Eine Religion ohne Vernunft ist sehr gefährlich, eine Vernunft jedoch, die nicht von jenen ethischen und spirituellen Impulsen korrigiert wird, welche ihre uralte Quelle in der Religion haben, kann für den Menschen und für die Welt ähnlich todbringend gefährlich sein.

Man sollte jedoch hinzufügen, dass jener Brunnen der Religion von all dem zu säubern ist, wodurch er im Laufe der Geschichte verschmutzt wurde. Aber auch dann ist es keine leichte Aufgabe, eine solche Quelle wieder aufzusuchen. Es reicht nicht aus, sich rein oberflächlich zu ihr zu bekennen, und man kann ebenso wenig einfach zu ihr »zurückkehren«. Man muss sie vielmehr völlig *neu begreifen*.

* * *

Die Psychologen sprechen vom *Ur-Vertrauen* (basic trust), das sich in der frühesten Lebensphase im Kontakt zwischen Kind und Mutter formt. Einigen Psychologen zufolge schreibt sich sogar die Beziehung der Mutter zur noch ungeborenen Leibesfrucht in die tiefsten Schichten des werdenden Bewusstseins des Menschen ein. Dort, wo das Bedürfnis nach liebevoller Fürsorge und die Annahme durch die Nächsten in der frühen Phase des Lebens unerfüllt ist, entsteht aus dieser Frustration das Gegenteil, ein »Ur-Misstrauen«, das dann den Menschen lebenslang als eine a priori negative und misstrauische Einstellung zum Leben in seinen unterschiedlichsten Äußerungen begleiten kann, insbesondere in seinen zwischenmenschlichen Beziehungen. Die Religiosität kann dann entweder an jene Einstellung des Ur-Vertrauens anknüpfen, sie bestärken, vertiefen, kultivieren, Argumente und anderes Baumaterial für die Bejahung des Lebens hinzufügen – oder unter Umständen helfen, die Ersteinstellung jenes »Ur-Misstrauens« zu korrigieren und zu heilen.

Aus der Geschichte (aber auch aus meiner eigenen klinischen und pastoralen Praxis) heraus kann ich jedoch auch Beispiele einer zerstörerischen Religiosität anführen (mit destruktiven Gottesbildern oder ungesunden religiösen oder pseudoreligiösen Praktiken), die entweder religiös gekleidete Ausdrücke jenes »Ur-Misstrauens« sind oder ein »Ur-Vertrauen« dauerhaft bedrohen oder schwächen können.

Wenn dann der Mensch früher oder später im Leben zum Beispiel die »Botschaft der Hoffnung« hört, die Bestandteil der christlichen Botschaft ist (oder ein anderes Hoffnungs-Angebot), fällt dieses Wort auf den schon auf eine bestimmte Art und Weise kultivierten oder eben vernachlässigten Boden des menschlichen Bewusstseins bzw. Unterbewusstseins, und sein weiteres Schicksal kann je nach der Qualität dieses »Ökosystems« sehr unterschiedlich sein. Fällt es ins seichte Wasser, kann eine Pflanze von oberflächlichem Enthusiasmus oder Optimismus austreiben, die früher oder später von der Sonne verbrannt wird, weil ihr die Wurzel fehlt; fällt es ins Gestrüpp oder ins Unkraut unbearbeiteter Traumata oder nicht auskurierter bitterer Ur-Erfahrungen, geht es ohne Ertrag ein. Fällt es aber auf guten Boden, kann es Ertrag bringen und auch zur Schönheit heranwachsen.

Bei der Meditation des Gleichnisses Jesu vom Weizenkorn kann noch eine weitere Sache von Bedeutung sein. Vom Weizenkorn sagt Jesus, dass es, wenn es »alleine bleibt« (Joh 12,24), eingeht; erst wenn es stirbt, kann aus ihm eine Ähre emporwachsen. Jesus spricht hier über sich, über den Sinn seines Opfers. Gilt jedoch nicht dasselbe Gesetz auch für den menschlichen Glauben, für die Liebe und die Hoffnung?

Sind diese »Tugenden« dem Menschen aber zunächst nur in ihrer embryonenhaften Gestalt gegeben – und können sie erst, wenn sie eine Krise durchgehen, wenn sie in ihrer Urform absterben, zu dem werden, was die Theologie mit den drei theologischen (oder göttlichen) Tugenden bezeichnet?

* * *

Es ist sicher kein Zufall, dass sich zwei Päpste aus der Zeit an der Schwelle zum dritten Jahrtausend in ihren Werken explizit dem Thema Hoffnung widmeten; das wahrscheinlich meistgelesene Buch aus der späten Phase des Pontifikats Johannes Pauls II. trägt den Titel »Die Schwelle der Hoffnung überschreiten«; und Benedikt XVI. gab im dritten Jahr seines Pontifikats eine Enzyklika über die christliche Hoffnung, »Spe salvi«, heraus.

Benedikts Enzyklika ist ohne Zweifel ein tiefer und schöner Text. Jedoch kann man der Kritik, der sich diese Enzyklika ausgesetzt sah (insbesondere aus der Feder des Hauptrepräsentanten einer »Theologie der Hoffnung«, des evangelischen Theologen Jürgen Moltmann), ebenso ihre Berechtigung nicht absprechen.

Papst Benedikt adressiert seine Enzyklika ausdrücklich nicht nur an seine Kirche, indem er ihr den Untertitel *Über die christliche Hoffnung* gab, sondern er hält sich auch praktisch im ganzen Text an das Schema »wir« und »sie«: Wir haben eine feste Hoffnung in Christus, »sie« leben in einer Welt ohne Gott und ohne Hoffnung. Schuldet jedoch die Kirche der Welt nicht das Wort von der *Hoffnung für alle* (jenes Wort, das der Papst in derselben Enzyklika am Universalismus des heiligen Augustinus bewundert[1]), das Wort von einer »reinen Hoffnung«, die auch für diejenigen bestimmt ist, »die uns nicht nachfolgen«[2]? Ist es wirklich möglich über diejenigen, die heute »uns nicht nachfolgen«, dasselbe auszusagen, was der heilige Paulus damals über die Heiden seiner Zeit sagte, dass »sie in einer Welt ohne Hoffnung und ohne Gott leben« (Eph 2,12)?

Haben denn zwei Jahrtausende Christentum keine Spuren in ihnen hinterlassen? Ich kann nicht leugnen, dass ich die Erfahrung gemacht habe, dass viele von denen, die außerhalb der Kirche stehen bleiben, nicht ohne Gott und nicht ohne Hoffnung sind; ebenso wie ich die komplementäre Erfahrung machen musste, dass auch wir Christen häufig die Hoffnung nicht einfach »haben«, sondern um sie schmerzhaft *kämpfen* müssen. Ganz ähnlich wie die großen Gestalten der hebräischen Bibel darum kämpfen mussten (sie kämpften geradezu mit Gott, wie Abraham, Jakob oder Ijob); ganz ähnlich wie Jesus von Nazaret in der Dunkelheit von Getsemani und des Kreuzes um die Hoffnung und den Sinn kämpfen musste.

Viele von denen, die sich selbst für Atheisten halten, sind christlicher, als sie es ahnen. Manche von ihnen kennen »unseren Gott« einfach unter einem anderen Namen, weil unsere Rede von Gott zu ihnen nicht durchgedrungen ist oder sie sie in einer Form oder aus solchen Mündern gehört haben, dass sie sie nicht ehrlich und aufrichtig annehmen konnten. Andere wiederum, die »Gott« ablehnen, lehnen oftmals eigentlich einen Götzen ab, eine Karikatur Gottes; wieder andere lehnen Gott nicht aus Hochmut oder Gleichgültigkeit ab, aber sie kämpfen mit ihm eher in der Nacht.

Der Grundgedanke der Enzyklika, dass »wer Gott nicht kennt [...], ohne Hoffnung ist«[3], drückt sicher eine tiefe Wahrheit aus. Sie spricht diese Wahrheit aber zuweilen auf eine gefährliche Weise aus, nämlich mit dem Risiko eines Missverständnisses.

Zwar nehme auch ich an, dass die Worte »Gott« und »Hoffnung« ihrem Wesen nach zueinander gehören, weil sie auf dieselbe Wirklichkeit hinzielen, auf die Erfahrung der Offenheit der Welt und des menschlichen Lebens. Jedoch kann auch derjenige, der in dem Sinne »Gott nicht kennt«, weil er ihn nicht bekennt und ihn mit diesem Wort nicht benennt, doch auch ein Mensch der Hoffnung sein, und seine Hoffnung muss nicht notwendigerweise in rein diesseitige Heils-Ideologien degenerieren. *Vielleicht ist das theologisch interessanteste Thema daher gerade die »Hoffnung der Ungläubigen«.* Ist nicht der Glaube (und Gott selbst) in ihrem Leben gerade in der Gestalt der Hoffnung anwesend?

Der Papst spricht von einer »auch in der Gegenwart verlaufenden Glaubenskrise, die in ihrer konkreten Gestalt vor allem die Krise der christlichen Hoffnung ist«[4]. Ist jedoch die »Krise der christlichen Hoffnung« überhaupt eine Krise der Hoffnung? Und ist es wirklich so leicht, die »christliche« Hoffnung von der »nichtchristlichen« Hoffnung zu unterscheiden?

Gott – wenn er tatsächlich der einzige und universale Gott ist, der Erschaffer und Erlöser aller Menschen, also der Gott, von dem Jesus in den Evangelien spricht und den die Christen im Credo bekennen (im Unterschied zu den Lokal- oder Stammesgottheiten, auf die nur eine bestimmte Gruppe von Menschen das Monopol hat) – hat eine Geschichte mit *jedem* Menschen. Er will in das Heiligtum jedes Herzens eintreten, und wenn sich ihm ein Mensch (vor allem, wenn dies »schuldlos« geschieht) nicht mit einem expliziten Glauben öffnen kann, kann Gott trotzdem an seine Tür klopfen und demütig und erfinderisch einen anderen Weg suchen, insbesondere einen solchen, in dem der Glaube nur »implizit« inbegriffen sein kann.

»Ich zeige dir meinen Glauben aufgrund der Werke«, behauptet der Apostel Jakobus,[5] und auch die bekannte Schilderung des Jüngsten Gerichts im Matthäusevangelium zeigt klar, dass ein impliziter, »anonymer Glaube« in den Werken der Liebe, in der wirksamen Hilfe für den Nächsten in der Not existiert: »Was ihr für einen meiner geringsten Brüder getan habt, das habt ihr mir getan.«[6]

Von zwei großen Heiligen der späten Moderne, von Thérèse von Lisieux und Mutter Teresa von Kalkutta, wissen wir, dass sie für eine lange Zeit »den Glauben *nicht hatten*« (oder ihn zumindest nicht spürten, nicht wahrnehmen konnten). Sie hatten jedoch die *Liebe*. Die Liebe, der Glaube und die Hoffnung gehören ihrem Wesen nach zusammen, lehrt der heilige Paulus, und auch Papst Benedikt erinnert daran in seiner Enzyklika. Der Glaube kann sich manchmal in Liebe verbergen, sich in Liebe »inkarnieren«, in Liebe *umgegossen sein*; übrigens lehrt auch der Apostel, dass die Liebe das Größte ist und auch dort andauert, wo der Glaube seine Pilgeraufgabe bereits erfüllt hat.

Kann sich der Glaube auch in die Hoffnung inkarnieren, in sie umgegossen werden? Kann der Glaube von der Hoffnung »vertreten«, vergegenwärtigt, re-präsentiert werden – *und können wir also eine bestimmte Gestalt der Hoffnung der »Ungläubigen« für ihren »impliziten« Glauben halten*? Nochmals gefragt: Kann Gott im Leben eines Menschen (lediglich) durch dessen Hoffnung anwesend sein?

»Auf Hoffnung hin sind wir gerettet« – dieses Zitat, das in der Kopfzeile der erwähnten Enzyklika steht und ihr den Namen gibt, beantwortet offensichtlich diese Frage positiv; neben Luthers »sola fide« können wir offensichtlich das Prinzip »sola spe« aufstellen. Der Papst setzt übrigens unmittelbar darauf de facto den Glauben mit der Hoffnung gleich; er benutzt jedoch Formulierungen, die – wie Moltmann treffend bemerkte – den Anschein erwecken, dass die Christen das Monopol auf die Hoffnung haben.

In einem Teil der Enzyklika wird zwar gesagt – und dies wiederum hat Moltmann offenbar nicht bemerkt –, dass nicht nur Kritik und Selbstkritik des neuzeitlichen säkularen Denkens, sondern auch Selbstkritik des neuzeitlichen Christentums notwendig, ja sogar zwingend erforderlich sind und dass auch die Christen im Dialog des Christentums mit einem selbstkritischen säkularen Denken[7] »neu lernen müssen, worin ihre Hoffnung wirklich besteht und was sie der Welt bieten und nicht bieten können«[8], und dass »das Christentum lernen muss, sich selbst zu verstehen« (ebd.).

Vergeblich habe ich jedoch in der Enzyklika eine Antwort auf die Frage gesucht, was also die Frucht eines solchen Lernens sein könnte. Gewiss, eine Enzyklika ist kein Genre, das es ermöglichen würde, Antworten auf alle Fragen anzubieten, die so ein anspruchsvolles Thema provoziert; vielleicht gibt der Papst mit seinem Schweigen aber demütig zu, dass dieser erwünschte Prozess des Lernens bei weitem noch nicht zu Ende ist. Gerade deshalb kann man diese Enzyklika auch als eine Aufmunterung zum Weiterdenken lesen ...

***

Papst Benedikt zitiert in seiner Enzyklika Kants Vision aus dem Jahr 1792: »Der allmähliche Übergang des Kirchenglaubens zur Alleinherrschaft des reinen Religionsglaubens ist die Annäherung des Reichs Gottes.« Heute wissen wir, dass dieses Projekt nicht gelungen ist: Der Übergang vom »Kirchenglauben« zur reinen Religion in den Grenzen der bloßen Vernunft ist bald zur Religion der Vernunft geworden, zur Idolatrie der Vernunft, und diese brachte bei weitem nicht den versprochenen Himmel auf die Erde; es war eine Sackgasse des Christentums.

Heute hört man von einem ganz anderen Angebot, und zwar vom Übergang von der kirchlichen Religion zur *Religion in den Grenzen des bloßen Erlebnisses*, zu einer rein emotionalen Religion (ohne Dogmen und ohne Vernunft). Und der Fundamentalismus bietet eine dritte Alternative: zurück hinter Kant, zurück hinter die Aufklärung, hin zu einem Glauben ohne Fragen. Dem heutigen Christentum kann man jedoch keinen dieser Wege empfehlen. Dann könnte sich vielmehr das erfüllen, was Kant drei Jahre später schrieb, vielleicht unter dem Einfluss dessen, was er über die Entwicklung im nachrevolutionären Frankreich gehört hatte – wir zitieren wieder nach Benedikt XVI.: »Sollte es mit dem Christentum einmal dahin kommen, dass es aufhörte, liebenswürdig zu sein [...]: so müsste [...] eine Abneigung und Widersetzlichkeit gegen dasselbe die herrschende Denkart der Menschen werden; und der Antichrist [...] würde sein (vermutlich auf Furcht und Eigennutz gegründetes) obzwar kurzes Regiment anfangen: alsdann aber, weil das Christentum allgemeine Weltreligion zu sein zwar bestimmt, aber es zu werden von dem Schicksal nicht begünstigt sein würde, das (verkehrte) Ende aller Dinge in moralischer Rücksicht eintreten.«[9] Worin besteht die Hoffnung, dass sich diese apokalyptische, warnende Vision des Denkers aus Königsberg nicht erfüllt? Vielleicht gerade darin, was Papst Benedikt in seiner Enzyklika andeutete, aber nicht zu Ende ausführte: in jenem *Lernprozess*, in dem sich das selbstkritische Christentum dem Dialog mit dem zeitgenössischen kritischen Denken aussetzt, mit jenem Denken, welches das Erbe der Neuzeit bewältigen will. Es existiert nämlich noch eine weitere Gestalt der gegenwärtigen Rückkehr der Religion: die Rückkehr der Religion als eines Themas, welches das heutige philosophische Denken inspiriert.

Kurz nach dem Erscheinen der Enzyklika kündigte Papst Benedikt XVI. das »Jahr des heiligen Paulus« an. Bisher warte ich mit Spannung darauf, ob nicht eine sehr wünschenswerte gedankliche und geistliche Frucht des Paulus-Jahres sichtbar werden wird: ob die Kirche nicht den Mut bekommt, jenen Weg fortzusetzen, den der heilige Paulus begonnen hatte, als er das junge Christentum aus dem Kontext einer Kultur und einer Nation, dem Judentum, hinausführte und ihm die Richtung *zur universalen Offenheit* aufzeigte.

Vielleicht besteht der charakteristischste Zug der christlichen Hoffnung darin, dass sie nicht nur »christlich« ist – dass sie sich nicht ins Innere einer bestimmten (bereits abgeschlossenen) Gemeinschaft wendet, sondern dass sie diese Gemeinschaft erst begründet und sie beständig geöffnet hält. Das bedeutet, dass man nicht nur im Rahmen des Missionsauftrags die Reihen der Kirche verbreitern, sondern dass man die Gemeinschaft des Glaubens, der Hoffnung und der Liebe als Gemeinschaft ohne Grenzen begreifen soll. Die Herausforderung, das »neue Israel« aufzubauen, sollte offensichtlich nicht als die Weisung verstanden werden, ein weiteres, »zweites Israel« aufzubauen – die *Kirche* also als eine Institution unter den Institutionen und das »Christentum« als eine Religion unter den Religionen (wenn auch als »die einzig wahre«) aufzubauen, die Christenheit als ein »drittes Volk« *neben* den Juden und Heiden heranzuziehen. Die Jünger Jesu sollen Licht der Welt, Sauerteig und Salz der Erde sein; sie sollen ein nützliches Element für das aus dem Mehl vieler Ähren gebackene Brot sein und für den Wein aus vielerlei Trauben.

Dies ist keine romantische Nostalgie nach dem »Ur-Christentum« oder die Bemühung, die Kirchengeschichte als einen großen Irrtum zu beseitigen. Das Christentum hatte, hat und wird in den dramatischen geschichtlichen Verwandlungen die verschiedensten Gestalten annehmen, von denen keine ideal und definitiv war, ist und sein wird. Die Tatsache, dass seine heutige Gestalt eine schwere Krise durchmacht (und der Papst diagnostizierte diese Krise zutreffend als »eine Krise vor allem der christlichen Hoffnung«), birgt die Hoffnung, dass sich das Christentum von morgen, wenn es den notwendigen Verwandlungsprozess durchmacht, tiefer seiner Botschaft bewusst werden wird. Jede Krise ist eine Chance. Wenn die Hoffnung der Christen dieser Krise standhält, eröffnet sich die Möglichkeit, dass sie zur Hoffnung *für alle* reift.

* * *

Ein Tag vor dem Tod seines Vorgängers, am 1. April 2005, unterbreitete Josef Ratzinger bei einem Vortrag im Kloster Subiaco der Welt der »Nicht-Glaubenden« einen interessanten Vorschlag. Die neuzeitliche Wissenschaft hat uns gelehrt, mit der Hypothese eines »methodologischen Atheismus« zu leben, unser Denken so auszurichten, »als würde es Gott nicht geben« (etsi Deus non daretur). Sollten heute jedoch nicht wir alle, also auch diejenigen, die über keine religiöse Sicherheit verfügen, »die nicht in der Lage sind, eine Art und Weise zu finden, wie man Gott empfängt«, im ethischen Bereich mit der umgekehrten Hypothese arbeiten – also so leben, sich so verhalten und so entscheiden, »als ob es Gott gäbe«– *veluti si Deus daretur?*

Heute muss ein solches Angebot wohl nicht die Befürchtung hervorrufen, dass es eine Verführung zu einer voraufklärerischen heteronomen Moral darstellen würde; es ist offensichtlich, dass wir dadurch zu einer Ethik der transzendentalen Verantwortung aufgefordert sind – zu einer Ethik, die sich in keiner Weise der Vernunft entsagt, sondern mit der Vernunft rechnet, die nicht narzisstisch in sich verliebt ist, sondern sich der Stimme des Gewissens öffnet (wie es Ratzinger gerne betont). Vielleicht ist diese Haltung ziemlich nahe an den kantischen Postulaten der praktischen Vernunft. Denn wenn Kant den Glauben an Gott, an die Unsterblichkeit der Seele und an die menschliche Freiheit als die drei Voraussetzungen jenes Raumes vorfindet und postuliert, in dem eine moralische Tat sinnvoll ist, spricht er ebenfalls von der Hoffnung.

Kann jedoch ein hypothetischer, vorausgesetzter Gott eine ausreichend starke Stütze für eine moralische Handlung sein? Oder laden wir damit den »Ungläubigen«, der bereit wäre, dieses Postulat anzunehmen (wie in etwa bei der berühmten Wette Pascals auf die Existenz Gottes und des ewigen Lebens, die man unter dem Gesichtspunkt der Wahrscheinlichkeit nicht verlieren kann), zu einem Dialog ein, indem wir ihm sagen, dass auch unser Glaube eher auf der Hoffnung als auf »Beweisen« und berechenbaren Sicherheiten steht? »Auf *Hoffnung* hin sind *wir erlöst*« – diese Worte des Paulus sind der Grundstein der Enzyklika Benedikts und wirklich ein wesentlicher Schlüssel zur paulinischen Soteriologie.

Sind wir deshalb erlöst, weil wir Hoffnung haben (ist also die Erlösung die Belohnung dafür, dass wir der Versuchung der Verzweiflung, der Skepsis oder des Unglaubens nicht unterlegen sind), oder soll damit ausgedrückt sein, dass das, worauf wir uns beziehen, für uns die Hoffnung auf Erlösung darstellt? Die Theologie überbrückt dieses Dilemma mit der Behauptung, dass die Hoffnung, ähnlich wie der Glaube, gleichzeitig eine »eingegossene göttliche Tugend« ist, also eine Gabe Gottes (und Gott, wie bekannt, »soll nicht« – und kann also nichts als sich selbst geben) und gleichzeitig ein Akt der menschlichen Freiheit, der menschlichen Wahl. Die »christliche Hoffnung« ist also eine gott-menschliche Wirklichkeit – ähnlich wie das Christentum in Jesus Christus und in der Kirche diese Verbindung von Göttlichem und Menschlichem sieht; gerade diese Sicht auf die Hoffnung als eines *Ortes des Dialogs Gottes mit den Menschen* stellt jenen spezifisch christlichen Beitrag zum Nachdenken über die Hoffnung dar.

Dies ist der Gegenstand meines Glaubens und meiner Hoffnung: Wer zwischen der Skylla der Resignation, des

Zynismus und der Verzweiflung oder des Erstarrens in einmal erreichten »Sicherheiten« auf der einen Seite und der Charybdis, den Illusionen und Projektionen der Wünsche (seiner eigenen oder der eigenen Kultur und Zivilisation) zu unterliegen, auf der anderen Seite den Weg einer *radikal geöffneten Hoffnung* zu wählen vermag, berührt (ob er sich bereits für einen im religiösen Sinn Gläubigen hält oder nicht) die Handflächen dessen, der der Spender aller wirklichen Hoffnung ist.

Anmerkungen

[1] Vgl. Spe salvi, Art. 29 und 30.
[2] Vgl. Mk 9,38.
[3] Vgl. Spe salvi, Art. 27.
[4] Ebd., Art. 17.
[5] Jak 2,18.
[6] Mt 25,40.
[7] Ratzinger hat hier offensichtlich beispielsweise die Dialektik der Aufklärung Adornos und Horkheimers im Sinn.
[8] Spe salvi, Art. 22.
[9] Ebd., Art. 19.

5. Krise als Wiege der Hoffnung

Ich habe die Großzügigkeit der katholischen Kirche gegenüber vielen Formen des Aberglaubens erwähnt; ein reizendes Beispiel hierfür ist der Kult des heiligen Antonius als des »Patrons der verlorenen Sachen«. Ich gebe zu, dass ich den lieben Antonius ziemlich oft mit Bitten um seine Fürsprache bombardieren muss, insbesondere wenn ich verzweifelt irgendeinen Band in den Stapeln von Büchern suche, die sich schon längst von meinen Regalen auf alle andere Möbelstücke und auf den Fußboden ergossen haben. Es existiert auch eine mündliche Absprache zwischen Gott, mir und dem heiligen Antonius, dass die Absprache (zumindest irgendwann) funktionieren wird, obwohl dies keiner von uns dreien so richtig ernst nimmt. Vor kurzem wurde ich jedoch von einer weisen Frau theologisch darüber belehrt, dass die Fürsprache des heiligen Antonius *hoffnungslose* Fälle betrifft, also nicht etwa die Regenschirme von zerstreuten Professoren oder die Bücher in der Unordnung von Bücherwürmern, die sich in den Buchhandlungen nicht zurückhalten können und sich notorisch der Sünde der intellektuellen Völlerei hingeben; dass Antonius Kompetenzen besitzt eher in Belangen von verlorenen Schlachten als bei verlorenen Regenschirmen, eher bei (wahrscheinlich schon von vornherein verlorenen) Gerichtsverhandlungen als nur bei verlorenen Gerichtsakten. Und tatsächlich habe ich vor kurzem am Fuß einer Antonius-Statue ein Gebet um die Wiederkehr eines verlorengegangenen Glaubens gesehen. Und in der Tat: Der verlorengegangene Glaube ist eher mit einer verlorenen Schlacht vergleichbar als mit einem versehentlich verlorenen Gegenstand.

Wie kann man den Glauben und die anderen göttlichen Tugenden – die Liebe und die Hoffnung – überhaupt verlieren? Den Glauben verlieren wir sicher nicht wie einen Geldbeutel; wir müssen vielmehr eines Tages mit Erstaunen feststellen, dass unser Glaube de facto schon längst keinen Einfluss mehr auf unser Leben hat und dass unsere Frömmigkeit allmählich und unbeobachtet wie ein lange nicht gegossenes Alpenveilchen im Blumentopf am Fenster vertrocknet ist. Wenn die Liebe vertrocknet, ist das der Bankrott einer *Beziehung*. Und wenn die Hoffnung zu atmen aufhört, über die das bekannte Sprichwort etwas leichtsinnig verspricht, dass sie »zuletzt stirbt«, dann ist das auch das Scheitern einer Beziehung, nämlich unserer grundlegenden Beziehung zur Welt und zum Leben, unserer Beziehung zur Quelle des Lebens.

Ich habe Menschen gesehen, für die die Hoffnung gestorben ist, und dies war nicht nur irgendeine konkrete partikuläre Hoffnung, sondern es war der Elan, der sie am Leben hielt; darauf folgte nur noch ein Dahinvegetieren. Es waren vor allem Menschen, die zu lange leiden mussten (wir werden davon später in diesem Buch noch aus dem Munde Simone Weils hören) oder deren Lebensenttäuschungen mit einem Trauma verbunden waren, welches das intimste Heiligtum ihres inneren Lebens verwüstete und dort eine nicht ausgeheilte, nässende Wunde hinterließ.

* * *

Es gibt Monate und ganze Jahre, in denen wir jeden Tag aufs Neue um die Hoffnung kämpfen müssen. Es gibt lange Lebensabschnitte, in denen wir gut die Worte nachvollziehen können, mit denen der Apostel Paulus beschrieb, was mit ihm und in ihm passierte: nach außen Kämpfe, innen Ängste. Es gibt Wegstrecken in der Geschichte der Gesellschaft und der Kirche, in denen uns das Böse und die Verwirrung, die Enttäuschung, die Zweifel und die Sorgen wie ein dichter Nebel umschließen, so dass man nicht einmal den nächsten Schritt der Wegstrecke sehen kann.

Ja, auch ich selbst kenne solche Momente. Wenn man in seinem Dienst abends mit dem finsteren Urwald der menschlichen Schmerzen, Schwächen und der kompliziertesten Probleme konfrontiert ist, wo man nur noch schwer Worte des Rates und des Trostes findet, die nicht leer und abgegriffen klingen, und wenn man dann morgens wieder durch den Schlamm der Barbarei watet und bereits wieder müde ist von dem ständig angreifenden giftigen Insekt der menschlichen Bosheit, des Neids, der Dummheit und des Hasses, dann gehen manchmal die natürlichen Vorräte des Glaubens und der Hoffnung zu Ende. Wird denn aber die »christliche Hoffnung« (also nicht: die »Hoffnung für die Christen«, sondern die Hoffnung, wie sie die Schrift und der christliche Glaube verstehen und wie sie auch der Autor dieses Buches zu verstehen sucht und sich bemüht, dieses Verständnis weiterzugeben), die Hoffnung als »göttliche Tugend«, am häufigsten (und vielleicht nur) dort geboren, wo alle anderen Gestalten (oder Imitate) der Hoffnung gescheitert sind?

Johannes vom Kreuz behauptet, dass die drei göttlichen Tugenden dort wirklich geboren werden oder voll zum Tragen kommen, wo die drei »natürlichen Seelenvermögen« (Gedächtnis, Intellekt und Willen) an ihre Grenzen stoßen, wo sie schließlich in eine Sackgasse gelangen. Sie werden *aus der dunklen Nacht* geboren, also aus einer großen Krise des bisherigen religiösen Lebens; die dunkle Nacht läutert jene natürlichen Vermögen des Menschen und lässt die göttlichen Tugenden des Glaubens, der Liebe und der Hoffnung, die in ihnen vielleicht der Möglichkeit nach und in nuce anwesend waren, keimen, wie die Ähre aus dem gestorbenen Korn sprießt.

Die Hoffnung ist so ein »Nachgeborener« des Gedächtnisses; während für Augustinus das Gedächtnis *(memoria)* das privilegierte »Organ der Erkenntnis Gottes« war (Augustinus leugnete nicht den Platoniker in sich – die platonische Theorie der *anamnesis*, der Erinnerung der Seele an ihre göttliche Herkunft), können wir schon in den Fußspuren des Barockmystikers Johannes vom Kreuz in der *Hoffnung* den Weg sehen, der Gott nicht in der platonischen Ur-Vergangenheit sucht, sondern in der eschatologischen, absoluten Zukunft.

Merken wir uns diesen Gedanken und halten wir uns an ihn: *Die Hoffnung wird aus der Krise geboren*; die

Hoffnung, jene göttliche Schwester des Glaubens, wird aus der religiösen Krise geboren. Die »religiöse Krise« *kann* im Leben einer einzelnen Person oder einer ganzen Kultur eine Wiege der Hoffnung *sein,* ein offenes Tor für den Gott der Hoffnung.

* * *

Vielleicht ist es so, dass in der häufig anzutreffenden »gewöhnlichen« menschlichen Hoffnung der Keim jener Hoffnung enthalten ist, die wir in diesem Buch im Blick haben, und dass diese verborgene Hoffnung in der Krise und im Scheitern in ihrer keimhaften Form geboren und *gereinigt* wird. Das ist der Grund, warum wir jeder menschlichen Hoffnung (wenn es sich nicht nur um eine offensichtlich schädliche Illusion oder Selbsttäuschung handelt) einfühlsam und mit Achtung begegnen sollten. *In jeder menschlichen Hoffnung ist vielleicht mehr verborgen als nur das Ziel, auf das hin sie sich bewusst ausrichtet*, selbst wenn dieses Ziel menschlich so kostbar und groß wäre wie unsere eigene Genesung oder die Genesung oder Rettung unserer liebsten Mitmenschen.

Im alttestamentlichen Buch Samuel hat mich immer die Stelle stutzig gemacht, in der geschildert wird, wie David unter Tränen inständig um die Heilung seines Kindes bittet, und als er begriffen hat, dass es gestorben war, ruhig wird, sich wäscht und isst. Die pragmatische Antwort, die David seinen ähnlich verblüfften Dienern gab, hat mich nie befriedigt: Wenn dieser Versuch, die göttliche Strafe mit Klagen, Tränen, Bitten und Fasten abzuwenden, nicht erfolgreich war, ist die ganze Qual vergebens, denn das Kind ist sowieso tot und nichts wird es mehr auferwecken. Davids Hoffnung, in den Schmerzen der Buße geboren, als er durch die Worte Nathans das Maß seiner Schuld begriffen hatte, endete nicht mit dem Scheitern seiner Bemühungen, den Tod des Kindes abzuwenden, sondern gab ihm die Kraft, auch aus dieser Trauer aufzustehen und weiterzuleben, wieder auf dem göttlichen Weg zu gehen, von dem er so schnell abkam, als ihn die Reize der Frau des Urija bezauberten.

Der Arzt und Philosoph Herbert Plügge schreibt in seinem tiefgründigen Essay über die Hoffnung[1] am Rande einiger eindrücklichen Reflexionen über klinische Erfahrungen mit sterbenden Patientinnen: »Wo wird Hoffnung ganz konkret, wo wird sie ganz evident, und wo entfaltet sie am augenscheinlichsten ihre ganze Macht? Die Antwort muss lauten: in der Not, in der Verzweiflung.« Und er fügt hinzu: »Ja, es lässt sich leicht zeigen, dass die Hoffnung der Unheilbaren *gerade dann* entsteht, wenn die Hoffnungen des gemeinen Alltags zuschanden werden. *Aus* dem Verlust der gemeinen Alltagshoffnung entsteht die echte Hoffnung. Aber noch ein zweites Merkmal der Unterscheidung zeichnet sich ab: die Hoffnung unseres Alltags, unseres Geredes ist darauf gerichtet, dass dies oder jenes eintreten, dies oder jenes sich günstig für uns gestalten, dies oder jenes aus der Welt heraus uns zuteilwerden möge. Sie ist Hoffnung auf Welthaftes, nicht Notwendiges, auf Ereignisse, exogen auf uns Zukommendes. Sie hat durchaus auswechselbare Ziele, aber jeweils immer *ein* Ziel, wohl konturiert und definierbar. Sie ist immer an das Objekt gebunden. Und gerade deshalb hat sie zwangsläufig immer etwas *Illusionäres*: es ist ja zweifelhaft, ob das oder das eintreten wird. Und so gehört – ebenso wie die Illusion – immer auch die *Enttäuschung* zu ihr. Denn sie zielt immer nur in die Welt, meist sogar nur in die Welt unserer Wünsche, der wesensgemäß Zufall und Kontingenz eigen ist.«[2] Die Enttäuschung jedoch birgt in sich die Möglichkeit der Befreiung von den Illusionen – und häufig gebiert paradoxerweise erst ein völliger Zusammenbruch eine andere Hoffnung, die – wie Plügge in der Analyse der konkreten Fallbeispiele zeigt – »in ein Unbestimmtes, ins Nebelhafte, in ein Konturloses führt«. »Diese Hoffnung geht nicht auf etwas Welthaftes, auf ein der Welt zugehöriges Objekt, sondern hat den Sinn, dem Patienten, der sich verloren sieht, dessen Zusammenbruch offenbar ist, die Zukunft zu sichern; nicht diese oder jene so oder so geartete Zukunft, sondern die Zukunft überhaupt.« Es geht ihr nicht mehr darum, dass die Krankheit verschwindet, der Schmerz, die Schwäche und alle Symptome, sondern um Heil-Sein oder »Wieder-heil-Werden« der Person. Wenn es in dieser Hoffnung nur um Gesundwerden ginge, würde es sich hierbei nur um eine Illusion handeln; aber wenn die Hoffnung beispielsweise mit einer großen Geduld beim Ertragen des Leids und des Sterbens, mit einer überraschende Überwindung der bisherigen egozentrischen Haltung und Angst oder sogar mit einer gewissen geistigen und geistlichen »Unabhängigkeit von der Krankheit« einhergeht, dann ist das ein Zeugnis dafür, dass hier etwas Stärkeres im Spiel ist als Illusion. Plügge schreibt: »Es handelt sich bei der Erfahrung dieser Hoffnung um eine Erfahrung eines unsere Existenz transzendierenden Bezugs.«

Jede Hoffnung ist nach Plügge eine Erwartung, jedoch ist nicht jede Erwartung eine Hoffnung; eine Hoffnung ist immer die Erwartung, es möge etwas Rettendes geben[3], wobei die Vorstellung von einer solchen Rettung bis zu einem gewissen Maße unbestimmt bleibt und sich dem Charakter der Ausgangsbedrohung gemäß ändert.

Plügge geht in seiner tiefen phänomenologischen Analyse der Hoffnung, die von seiner reichen ärztlichen Erfahrung mit Leidenden und Sterbenden ausgeht, nie leicht und schnell zu religiösen Termini über; im Gegenteil: Er betont, dass die Hoffnung, von der er spricht, die wesentliche Bestimmung einer jeden beliebigen Person ist, dass es sich nicht um eine spezifisch christliche Hoffnung handelt, sondern um »ihre natürliche Vorform«, gleichsam um den »Rohstoff«. Erst am Ende seiner Überlegungen beschäftigt er sich mit der Beziehung zwischen diesem Typ der menschlichen Hoffnung und der »christlichen Tugend Hoffnung«, die letztendlich immer die Auferstehungshoffnung ist.

Lassen wir uns auch in diesen Betrachtungen nicht zu schnell vom Strom des theologischen Denkens von einem Phänomen mitreißen, das wahrscheinlich viel allgemeiner ist, als es scheint, als man von ihm normalerweise in frommen Büchern lesen kann, von einem Phänomen, das auch diejenigen interessieren kann, welche die »frommen Bücher« normalerweise nicht lesen.

Hinter jeder Sucht steht eine Sehnsucht, sagt der Titel einer logotherapeutischen Studie über die Therapie von Abhängigkeiten; jedoch kann auch hinter vielen alltäglichen menschlichen Sehnsüchten (oder tief in ihnen verborgen) wenigstens der Keim dessen vorhanden sein, was wir in diesem Buch die wirkliche Hoffnung nennen.

»Wenn ein Matrose in ein Bordell geht, sucht er in Wirklichkeit Gott, bloß sucht er ihn nicht am richtigen Ort«, sagt, wenn ich mich recht erinnere, eine Figur eines Romans von Bruce Marshall – ganz im Geiste der Theologie und Psychologie des heiligen Augustinus. Man kann diesem Mann jedoch nur wünschen, dass er seinen religiösen Irrtum schnell genug erkennt, denn viele Angebote zur Befriedigung der menschlichen Sehnsucht nach Transzendenz oder himmlischer Glückseligkeit sind mit gewissen gesundheitlichen und mit anderen Risiken verbunden.

***

Ich habe an einer Stelle dieses Kapitels eigene schmerzhaften Erfahrungen erwähnt und ich denke, dass ich es meinen Lesern schuldig bin, nicht bei abstrakten Betrachtungen stehen zu bleiben, sondern »meine eigene Haut zu Markte zu tragen« und die gemachten Erfahrungen zu Ende zu erzählen.

Die vielleicht größte Glaubensprüfung war für mich die gewisse Enttäuschung in der Kirche und mit der Kirche bald nach dem Jahr des Umsturzes 1989; es war, »objektiv gesehen«, sicherlich bei weitem nicht das Schlimmste, was mir je im Leben passiert ist, aber es war das Schmerzhafteste, weil es von einer unerwarteten Seite kam. Im Rückblick betrachtet beendete diese Krise für mich das zweite Kapitel meiner Glaubensgeschichte und eröffnete das dritte.

Ich wurde in ein Umfeld hineingeboren, in dem ein völliges Desinteresses gegenüber der Religion herrschte, eine Mischung aus dem vorherrschenden natürlichen Atheismus, aus einem höflichen Agnostizismus und aus einer Gleichgültigkeit metaphysischen Fragen gegenüber. In der Zeit des Heranwachsens wurde in mir die erste Gestalt des Glaubens geboren, ein unbestimmter »philosophischer Glaube«, das Ergebnis einer postpubertären metaphysischen Grübelei, eines amateurhaften Studiums der Philosophie und eines fundamentalen Widerstands gegen den staatlichen Pflichtatheismus, der von der Schule und von der allgegenwärtigen Regimepropaganda aufgezwungen wurde. Damals wusste ich noch nicht genau, dass mein »Gott der Philosophen« sehr viel gemein haben sollte mit dem, was sich irgendwo weit weg von mir in den Kirchen abspielte; zur Welt der Kirche hatte ich zwar irgendeine intuitive Sympathie, wie zu allem, was von den Kommunisten verdammt wurde, meine Welt jedoch war es nicht.

Die zweite Phase meiner Konversion stellte die Begegnung mit einer Reihe von großen Priesterpersönlichkeiten dar – deren Charaktere mitsamt ihrer Spiritualität und Theologie meistens in den Gefängnissen heranreiften, aus denen sie nach vielen Jahren Haft erst kurz zuvor (es geht um die Zeit unmittelbar vor dem »Prager Frühling« 1968) entlassen worden waren. Ich lernte eine dezimierte, verfolgte, aller Macht und jeglichem Eigentum beraubte Kirche kennen, die aber stark war aufgrund der Aufrichtigkeit der im Feuer erprobten Zeugen; ich begann, ihr zu glauben, und habe mich in sie verliebt. Die Kirche – jene Gestalt der Kirche, wie ich sie kennen lernte – spielte jetzt in meinem Glauben eine große Rolle: Wenn ich darunter litt, dass eine Reihe von Fragen nicht befriedigend beantwortet wurden, galt für mich der Grundsatz »ecclesia supplet«: Wenn *diese* Kirche etwas behauptet, vertraue ich auf ihre Ehrlichkeit und Wahrhaftigkeit, vertraue ich auf die Erfahrung ihrer Heiligen und Mystiker, auf die Weisheit der großen Theologen, in deren Werke ich langsam einzudringen begann. In dieser Atmosphäre ist meine Entscheidung geboren worden, Priester zu werden; dieser Glaube nährte mich in den Jahren meines riskanten und des Öfteren sehr abenteuerlichen Wirkens als Priester in der Illegalität. Hoffte ich, dass ich einmal die Freiheit der Kirche erleben darf? Auf diese Frage kann ich im Rückblick keine Antwort finden, obwohl ich mich darum bemüht habe. Offensichtlich lagen meine Vernunft, die sich an einen realistischen Pessimismus hielt (der Kommunismus wird für alle Zeiten da sein), mit der Sehnsucht und der Intuition nach einer unwahrscheinlichen Veränderung zum Besseren im Clinch miteinander. Die Geschichte gab, wie es häufig der Fall ist, der Intuition gegenüber der »rationalen« Abschätzung recht: Der Kommunismus fiel. Wir haben eine schockierende Erfahrung eines Wunders durchgemacht, uns wurde schwindelig vor lauter Freiheit.

Aber gerade damals geriet ich in jene vielleicht größte Krise meines Lebens: in die große Enttäuschung in der Kirche und über die Kirche. Das, womit sich vielleicht viele idealistische Priesteramtskandidaten schon im Seminar abfinden müssen, hat mich erst im reifen Alter eingeholt, und insofern die Kirche eine große Rolle in meiner Glaubenswelt spielte, war diese ganze Welt eine bestimmte Zeit lang in ihren Grundfesten erschüttert. Ich will nicht mit einer langen Beschreibung dessen ermüden, worum es damals ging. Ich habe einerseits mit Überraschung feststellen müssen, wie viele Katholiken, einschließlich einer ganzen Reihe von Priestern, jene tiefe persönliche Aufrichtigkeit kläglich vermissen ließen, die ich an jenen Priestern so sehr schätzte, die mich im Glauben bestärkt hatten und mich in meinem Priestertum begleitet haben. Es schien mir, dass das kleine Boot der tschechischen katholischen Kirche, kaum dass es ins offene Wasser der Freiheit hinausfuhr, sich in vielem in die falsche Richtung drehte – und dass meine Versuche, laut zu schreien und zu warnen, vergebens waren. Und drittens überraschte mich schmerzhaft die Tatsache, dass ich in den Haltungen gewisser Repräsentanten der Kirche (der damaligen Leitung der Theologischen Fakultät) dieselben Züge erkennen musste, die mich an den kommunistischen Apparatschiks abgestoßen hatten, jenen selbstsicheren Menschen, die sich im »Besitz der Wahrheit« wähnten, die unter dem Deckmäntelchen des Dienstes an einer »heiligen Sache« völlig rücksichtslos nur ihre persönlichen Interessen oder die Interessen ihrer Gruppe verteidigten. Am schlimmsten daran war jedoch das Wissen um die Tatsache, dass dieses Mal keine menschlichen Bestien gegen mich standen wie im Fall der kommunistischen Funktionäre, sondern dass unter ihnen zweifellos auch gläubige, fromme, »in der Schrift beschlagene« Menschen waren, die »guten Willens« handelten – dass ihnen jedoch diese ganze katholische Ausstattung nicht half, anders zu handeln als jede totalitäre Macht, wenn sie auf jemanden stößt, der von ihrem weltanschaulichen Schema abweicht. Wozu taugt aber dann die ganze Frömmigkeit, Theologie, Kirche und der Glaube? Das war für mich damals die drängendste Frage.

Im Rückblick gesehen, widerfuhr mir nichts Böses, im Gegenteil; heute weiß ich, dass die ehrwürdigen Funktionäre der Theologischen Fakultät damals nur der Wal Gottes waren, der mich verlässlich und auf wundersame Weise »statt nach Tarschisch nach Ninive« trug wie einst das bekannte Meeresungeheuer den verwirrten Jona, auch wenn ich sie dabei wohl ordentlich im Magen gedrückt haben muss. Dies ist eine häufig gemachte Erfahrung von mir wie auch von vielen anderen: Diejenigen, die uns am meisten Schaden zufügen wollen, nützen uns in Wirklichkeit oft am meisten; das, was uns wehtut und wogegen wir uns auflehnen, ist oft in Wirklichkeit nur ein Versetzen von dem Platz, an den wir wirklich nicht gehören, an den Platz, wo uns Gott wirklich braucht und haben wollte. (Darüber hinaus ist mir heute bewusst, dass ich damals nicht nur ein unschuldiges Opfer war, sondern dass ich mit meiner mangelnden Erfahrung, meinem naiven Eifer und meiner Ungeduld auch selbst zur Zuspitzung jener Probleme beigetragen habe.) Heute ist mir bewusst, dass mein damaliger dramatischer Weggang von der Theologischen Fakultät wahrscheinlich nicht nur die glücklichste Weichenstellung meiner akademischen Laufbahn war, sondern auch eine wertvolle Erfahrung in meinem Glaubensleben darstellte. Es scheint, als ob uns so manche scheinbare Niederlage und ungerechte Behandlung manchmal viel mehr bereichern, als wenn unsere oberflächlichen und oftmals banalen Erwartungen in Erfüllung gehen, unter der Voraussetzung, dass wir bereit sind, diese anzunehmen, und in der Lage sind, sie zu verarbeiten.

Allerdings habe ich das, was ich jetzt mit dem Abstand von fast zwei Jahrzehnten klar sehe, damals nicht gesehen. Es war damals dunkel. Im Rückblick erkenne ich, dass damals zwei Abgründe lauerten, zwei Versuchungen, denen wahrscheinlich nicht wenige enttäuschte gläubige Menschen (und vor allem Priester) in einer ähnlichen Situation erliegen: Gott, dem Glauben und der Kirche beleidigt den Rücken zuzuwenden (viele leidenschaftliche Atheisten, Antiklerikale oder notorische »Kirchendissidenten« werden in ähnlichen Augenblicken geboren) oder sich äußerlich anzupassen und tatsächlich zu einem zynisch professionellen »Handwerker des Glaubens« zu werden. Bin ich nicht davor und danach in der Kirche einer Menge von solchen »religiösen Professionellen« begegnet, bei denen ich in bestimmten Momenten einen nur schwer unterdrückten Hass und Neid erkannte, sobald sie einem Ausdruck eines wirklich lebendigen und aufrichtigen Glaubens begegneten, den sie selbst nur noch vortäuschten? Bin ich nicht in der Kirche und außerhalb der Kirche verbitterten Kritikern von allem und allen begegnet, die zwar in vielem Recht haben, aber deren Wahrheit eine *Wahrheit ohne Liebe und ohne Freude* ist, ohne die innere Freiheit von jenem Bösen, von dem sie in Wirklichkeit so sehr betört und gefesselt sind, dass die Wahrheit ihrer Worte aufhört die Wahrheit zu sein?

Mir wurde es damals (und Gott sei Dank auch danach in einer Reihe von weiteren ähnlichen Prüfungen) geschenkt, in dieser Prüfung die Treue zum Glauben, zur Kirche und zu meinem priesterlichen Dienst zu wahren – aber ich begann damals, sie anders zu begreifen. Vor dem Glaubensverlust hat mich damals vor allem eine Sache gerettet: die Begegnung mit der Theologie und Spiritualität der Mystiker der »dunklen Nacht«. In der Welt meines Glaubens kam es zu einer großen Veränderung: *An die Stelle der verlorengegangenen Sicherheiten ist die Hoffnung getreten.* Es begann der dritte Akt meiner Glaubensgeschichte.

Ich hatte begriffen, dass es für mich *keinen Weg zurück* zur verspäteten Kindheit meines Glaubens mehr gibt, dass mir der abstrakte »philosophische Glaube« nicht ausreicht und dass es auch nicht ehrlich wäre, in irgendeiner schwärmerischen Gruppe um das Wiederentfachen meiner Begeisterung aus der Phase meiner Konversion zu bitten. Nur die *Hoffnung* wurde zu einem Schlüssel, der mir wieder den Weg zu Gott geöffnet hat. Ich begann, über den (seiner vielen »Sicherheiten« beraubten) »kleinen Glauben« nachzudenken und zu schreiben, über den »Glauben des zweiten Atems«, jenes Atems, dem es zuvor »den Atem verschlagen hat«, über den »verletzten Glauben«, dessen Wunden, ähnlich wie die Wunden des Auferstandenen, nicht verschwinden, sondern wie »Edelsteine leuchten«; über den österlichen Glauben, der sterben und dann erst von den Toten auferstehen muss – und der die Stille des Karsamstags aushalten muss, wenn die Menschen am »Gottesgrab« knien (ohne dass sie je über den »Tod Gottes« gelesen hätten) und nur ahnen, dass sich irgendwo in der Tiefe der Scheol der Kampf Christi mit den Mächten der Unterwelt abspielt.

Und dann konnte ich mich gar nicht genug wundern, wie viele Menschen (von hochbetagten Ordensfrauen bis hin zu den Menschen, die ihre persönlichen Tragödien und Krisen fernab von der Kirche und ihres Glaubens durchleben) mir bestätigten, dass sie nur zu gut wüssten, wovon ich spreche.

Zur Mystik der dunklen Nacht von Johannes vom Kreuz gesellte sich dann die christliche und jüdische »Theologie nach Auschwitz«, die kabbalistische Mystik des Ruhmes Gottes, der sich ins Exil (Zimzum) zurückzieht, und ihre christliche Entsprechung in der Theologie der *kenosis*, der göttlichen »Selbstentäußerung« im Kreuz Christi, und schließlich die postmoderne philosophische Theologie Richard Kearneys, die lehrt, dass sich über Gott nicht aussagen lässt, ob es ihn »gibt« oder »nicht gibt«, sondern dass es ihn *geben kann*: dass er zu uns wie zu Moses in der Wüste kommt, wie in der Verheißung »Ich werde mit dir sein«, wenn du die Aufgabe annimmst, mit der ich dich beauftrage. Das alles sind jedoch sekundäre theologische und philosophische Artikulationen jener Erfahrung, die ich auf der existenziellen Ebene gemacht habe.

* * *

Wenn man auch bittere Erfahrungen mit der Kirche annehmen und verarbeiten kann, ohne dass man die Kirche verlässt oder in ihr zu einem verbitterten und gekränkten notorischen Dissidenten wird, wenn man seinen Platz mitten in der Kirche und ihren Traditionen finden und ihn verteidigen kann und gleichzeitig in der Kirche das Anderssein der Anderen zu respektieren vermag, dann ermöglicht dies dem Menschen, das bewundernswerte Geheimnis des Katholizismus als der »Einheit der Gegensätze« zu entdecken. Ich habe meine Kirche wirklich aufrichtig gern, trotz aller ihrer schwachen und dunklen Seiten, denen ich mir bewusst bin und mit denen ich viel häufiger Erfahrung machen muss als diejenigen, die die Kirche von außen kritisieren; wenn ich irgendwelche Erscheinungen in der Kirche kritisiere, so tue ich dies gerade aus Liebe zu ihr und im Bewusstsein um die Mitverantwortung für sie. Die Hoffnung, die in der Krise geboren wurde, hilft mir, in kritischer Loyalität auszuharren und mich um ein brüderliches Verständnis für diejenigen zu bemühen, die »ex officio«, von Amts wegen, für die Kirche eine weitaus größere Verantwortung tragen als ich.

Die Pluralität und die Heterogenität des Katholizismus (einschließlich jener Formen, mit denen ich mich selbst nur schwerlich identifizieren kann) wurden zur Hauptquelle meiner Freude über die Kirche und meines Vertrauens in sie. Die katholische Identität anzunehmen bedeutet, die Schlüssel zu einem Palast mit tausenden Räumen ausgehändigt zu bekommen; allmählich begreift der Mensch, dass er in ihnen allen nicht wohnen kann und es sogar nicht einmal schafft, durch alle hindurchzugehen. Aber er muss dort seinen Platz zum Wohnen finden. Mit meiner Identität als Katholik ist es ähnlich wie mit meiner Identität als Europäer; ich kann nicht gleichzeitig Portugiese, Schwede, Brite o.a. sein; mein Europäertum kann ich nur als Tscheche realisieren, der vielleicht seinen Horizont dadurch ein wenig erweitert, dass er zumindest teilweise die Sprache, die Kultur und die Landschaft einiger weiterer Länder kennen lernt; nichtsdestoweniger ist für mich das Bewusstsein wichtig, dass zu meinem Zuhause und meiner Identität auch das Land und die Kultur der Franzosen, der Iren, der Norweger gehören, wenn ich sie auch nicht vollständig aufnehmen, bis in die Tiefe kennenlernen und erleben kann.

Dieses Vertrauen gibt mir die große Freiheit, dass ich mich, wenn ich mich dazu berufen fühle, bis auf den steilen Felsvorsprung an den sichtbaren Grenzen der Kirche begeben darf und keine Angst vor den Luftströmen und verlockende Düften haben muss, die aus den weiten Meeren anderer Religionen und Philosophien herüberwehen, *gerade deshalb*, weil es zum Glück in der Kirche auch Traditionalisten gibt, die denjenigen Christen einen anderen und sicheren Weg anbieten, die mir auf den Felsvorsprung nicht folgen wollen oder können. Immer wird es in der Kirche auch ängstliche Christen geben, die »nur Gemüse essen«, wie der heilige Paulus zärtlich über sie sprach[4] – und obwohl er offensichtlich sich selbst und seinen Schülern keine vegetarische Diät auferlegte, warnte er vor der Versuchung, solche Christen zu verachten oder sie unnötig zu provozieren. Schon Paulus träumte von einer Kirche, in der sich Menschen mit verschiedenen Berufungen gegenseitig respektieren und ergänzen, anstatt sich mit Kämpfen gegeneinander gegenseitig zu entkräften; jedoch erkannte bereits er, dass dieser Zustand der Kirche als einer makellosen Braut eher Gegenstand der eschatologischen Hoffnung ist als der ungeduldigen Erwartung in der nahen geschichtlichen Zukunft.

Seitdem in meiner Beziehung zur Kirche die *eschatologische* Hoffnung überwiegt, hat mich die Nervosität jener Reformatoren verlassen, die ihre Hoffnung nur auf kurzfristige und oftmals zweifelhafte Ziele richten (»Demokratisierung der Kirche«, die Besetzung des einen oder anderen Platzes in der kirchlichen Hierarchie, der Einfluss der einen oder anderen Bewegung u.Ä.). Ich bin mir bewusst, dass bei mir heute, wenn ich die verschiedenen Gegebenheiten in der Kirche betrachte, statt des Zorns oder dessen Gegenteil, die Resignation, vielmehr Ironie, Humor und Geduld zu überwiegen beginnen. Ist dies die Frucht der überstandenen und verheilten Krisen oder eher eine herbstliche Frucht des kommenden Alters?

* * *

Um noch einmal auf die Lebenskrisen zurückzukommen: Dort, wo unsere natürlichen Vorräte an Hoffnung rapide zur Neige zu gehen scheinen, wo wir wie Verdurstende in der Wüste kriechen und beinahe aufgeben möchten, ist es häufig nur noch ein Schritt hin bis zur verborgenen Quelle. Und je tiefer unsere Krise ist (und deren Tiefe kann tatsächlich niemand von außen oder nach äußeren, »objektiven« Kriterien beurteilen), aus einer umso größeren Tiefe kann die Quelle der Hoffnung sprudeln, die schon qualitativ anders als diejenige ist, die uns die Kraft und die Richtung gegeben hatte, bis an jenen Punkt zu gelangen, an dem wir uns befinden: in der engen Schlucht der Krise.

Die dunkle Nacht reinigt, lehrt der heilige Mystiker des Karmel.

Anmerkungen

[1] Plügge, H., Über die Hoffnung, in: Ders., Wohlbefinden und Missbefinden. Beiträge zu einer medizinischen Anthropologie, Tübingen 1962, S. 38–50, 39, 44f. Die folgenden Zitate dieses Abschnitts: ebd., S. 44–48.

[2] Ebd., S. 44.

[3] Erinnert sei an den Satz Hölderlins: »Wo aber Gefahr ist, wächst das Rettende auch.«

[4] Vgl. Röm 14,2.

6. Hoffnung und Wunder

»Halík, weißt du, was du nicht weißt?«, ruft die Tochter meines Mitarbeiters Martin nach einem Gottesdienst in der Sakristei mir zu, bevor sie mich keck in ein weiteres ihrer Mädchengeheimnisse einweiht. Mit dieser Frage bringt sie mich in tiefe metaphysische Zweifel, weil ich wirklich nicht weiß, ob ich weiß, was ich alles nicht weiß: Es ist auf jeden Fall vieles.

Den geneigten Leser möchte ich stets daran erinnern, dass er mir nicht ein Übermaß an Vertrauen entgegenbringen möge, weil es wirklich viele Sachen gibt, die ich nicht verstehe, und zwar auch in »meinem eigenen Fach«, auf dem Gebiet der Religion und des »Dialogs mit den Ungläubigen«. Wahrscheinlich verstehe ich die Welt der evangelikalen Charismatiker, über die ich mich (wohl gerade deshalb) fast obsessiv und manchmal vielleicht auch ungerecht äußere (was sich, so fürchte ich, auch in diesem Kapitel nicht vermeiden lässt), nicht ganz. Meine eigene Welt und die Welt, die mir am nächsten steht, ist die Welt der Konvertiten, die sich überwiegend in einem »ungläubigen« Milieu bewegen; deshalb habe ich wahrscheinlich nie gründlich die Welt jener Menschen kennen gelernt, für die der Glaube eine Selbstverständlichkeit ist, weil sie in ihn über Generationen hinweg hineingewachsen sind. Aber auch wenn ich diese Welt, wie ich eingestehen muss, nicht vollständig verstehe, so bemühe ich mich trotzdem, sie zu achten und sie nicht, wie es die Liberalen tun, mit jenem »Fundamentalismus« zu verwechseln, der nur ein vergebliches Bemühen der »Kontramoderne« darstellt, die ruhige Welt der Tradition krampfhaft nachzuahmen. Bei weitem nicht jeder, der sich fest an bestimmte Grundsätze hält, verdient das ehrenrührige Etikett eines Fundamentalisten; ein Fundamentalist unterscheidet sich von einem Menschen der Tradition durch seine innere Unruhe und Unsicherheit, durch seine verschleierte Aggressivität.

Je mehr ich mich dem »Dialog mit den Ungläubigen« widme, desto mehr ist er für mich voller Geheimnisse. Früher, in der jugendlichen Begeisterung des Konvertiten, verwechselte ich den Dialog mit einem (gewollt gelehrsamen) »Ratespiel« und gerne habe ich in diesem ziemlich unverbindlichen Sport gesiegt; erst nach vielen Jahren habe ich gelernt, besser zuzuhören, und das Streben zu »siegen« habe ich als Albernheit abgelegt. Ich gestehe ein, dass es mich jedoch durchaus etwas ermüdet, wenn ich, bevor man sich wenigstens etwas »der Sache« nähern kann, erst ein Dickicht von Unkenntnissen, Missverständnissen und Vorurteilen lichten muss, die in unserer Kultur die Rede über den Glauben und die Religion überwuchert haben. Bevor man die Begriffe geklärt hat, wirkt diese Phase des Dialogs oftmals – erlauben Sie mir, dass ich an dieser Stelle einen Lieblingsausdruck Karel Čapeks zitiere –, als ob man mit jemandem tanze, »der die Hosen voll hat«.

Mit meinen Antworten wirke ich wohl oft unbeholfen und bremsend. Ich habe schon so viele derartige Gespräche absolviert, dass ich ziemlich sicher erkennen kann, was sich in aller Regel hinter den Fragen meines Gesprächspartners verbirgt. »Sie glauben *wirklich* an Gott?« – Ja, ich glaube, aber ich muss hinzufügen: wahrscheinlich jedoch nicht an den, den Sie im Sinn haben. »Sie glauben *wirklich*, dass Jesus auferstanden ist?« – Ja, mit ganzer Seele, mit ganzem Herzen, mit meinem ganzen Verstand, ja sogar noch mehr: Dieser Glaube ist für mich, genauso wie für den Apostel Paulus, die tiefste Quelle *meiner Hoffnung*. Jedoch ist der »Gegenstand« dieses meines Glaubens (oder genauer gesagt: meiner Hoffnung) wahrscheinlich nicht das, was Sie am ehesten in Staunen versetzt; das, womit das Evangelium vom Sieg Jesu über den Tod, die Welt und die Sünde *den* Menschen *wirklich* erschüttern *soll*, es liegt irgendwo anders und viel tiefer, als es sich die Menschen in der Regel vorstellen.

»Sie glauben wirklich an Wunder?« – in diese Frage ist der Vorwurf eingeschlossen, aber nicht ausgesprochen: »Bei Ihrer Bildung?« – Ja, ich kenne sogar eine Art und Weise, wie man sie auf Schritt und Tritt erspüren kann. Ich glaube, dass die Welt, die als Schöpfung begriffen wird, als nicht selbstverständliches Geschenk, bereits an sich ein großes Wunder ist, weil ihr größter Reichtum und ihre größte Schönheit *jenseits des Sichtbaren* liegen – hinter dem alltäglichen Blick, mit dem wir gelernt haben, auf sie zu schauen. Ich weiß, dass es Ereignisse gibt, die uns mitsamt unserem alltäglichen oberflächlichen Blickwinkel (z. B. dem »materialistischen«, der die Welt nur als »Materie« wahrnimmt) irritieren können und sollen, um uns empfindsam und aufnahmefähig für die wirkliche Größe der Schöpfung zu machen.

Als »übernatürliche Verletzung der Naturgesetze« sind Wunder jedoch wirklich kein Bestandteil meiner Glaubenswelt, und ich hielte es für einen peinlichen Irrtum und Anachronismus, so etwas beispielsweise in der Bibel zu suchen; philosophisch-theologische Begriffe wie »Übernatürlichkeit« und naturwissenschaftliche Begriffe wie »Naturgesetz« sind typische Früchte des neuzeitlichen Denkens, die meilenweit sowohl von der Welt der Bibel wie auch vom Stil meines Nachdenkens über den Glauben entfernt sind, meiner (und der in der heutigen Theologie und Exegese vorherrschenden) Art und Weise, wie man sich zur Botschaft der Schrift verhält. Die Kategorien »natürlich« und »übernatürlich« sind Instrumente einer mittelalterlichen Theologie, die in der späteren Theologie durch ein Missverständnis wertlos gemacht wurden, das die Aufklärung mit ihrem völlig neuen Verständnis von Natur und Natürlichkeit (natura) brachte. In der Moderne begann man, ein Gleichheitszeichen zwischen »natürlich« und »real« zu setzen, wobei logischerweise allem »Übernatürlichen« seither das Odium eines Produktes der kindlichen Phantasie oder eines okkulten Hell-Dunkels von Esoterik und Obskurantismus anhaftet. Ein ehrlicher (also tief rationaler[1]) mittelalterlicher Theologe aus der Schule des heiligen Thomas – für den das, was die Natur überschreitet, einfach ein Geschenk Gottes, *eine Gnade* (gratia) ist und überhaupt nichts mit den »Geheimnissen« der Kuriositätenliebhaber gemein hat – wäre (genau wie auch ich) darüber entsetzt, dass sich auch manche Christen in ihrem Glauben in die Nähe der Magie, des Aberglaubens und der Zauberei treiben lassen. Wenn ich in manchen Buchhandlungen sehe, dass die »Theologie« zu einer Unterabteilung der »Esoterik« wird, muss ich an den Zorn Jesu im Tempel denken (»die Händler hat er vertrieben und ihre Stände hat er umgestoßen«); jedoch tragen die Hauptschuld für diese Verwirrung wohl nicht die armen Buchhändler.

Ähnlich ist die Kategorie der »Naturgesetze« ein Aspekt der neuzeitlichen Interpretation der Natur, die der Bibel und ihrer in vielem mythisch-poetischen Wahrnehmung der Natur völlig fremd ist. Eines der großen Geschenke der Postmodernen ist, dass wir diese Sichtweisen auf die Welt überhaupt nicht gegeneinander stellen müssen; das neuzeitliche Vorurteil, dass der naturwissenschaftliche Blick auf die Welt das Monopol auf die *Wahrhaftigkeit* der Weltdeutung haben soll, haben wir hoffentlich schon hinter uns gelassen. Deshalb ist es auch absolut peinlich, wenn sich jemand darum bemüht (wie es die Kreationisten tun), *im Namen des Glaubens* die Legitimität der wissenschaftlichen Weltdeutung in Zweifel zu ziehen. Ein Kreationist und ein »wissenschaftlicher Atheist« vom Typ eines Richard Dawkins sind völlig symmetrische Fundamentalisten, unfähig, aus ihrer Sichtweise herauszutreten. Beide sind aggressiv, weil sie Angst haben, dass es einen Angriff auf die Wahrheit selbst darstellen würde, wenn man die Berechtigung und die *Wahrhaftigkeit* einer anderen Perspektive als die ihre anerkennen würde, also ihren Anspruch, das Monopol auf die Wahrheit zu haben, in Zweifel ziehen würde. Sie haben Angst davor, dass auf dem Schlachtfeld, wenn sie weichen würden, nur der »schwarze Schlamm des Aberglaubens und des Okkultismus« (so die Version der positivistischen Szientisten) oder der »uferlose Relativismus« (so die Version der religiösen Fundamentalisten) übrig bliebe. Mit dieser Angst (um ihre eigenen Sicherheiten) verraten sie jedoch, dass sie eine sehr verengte Auffassung von Wahrheit haben und ihr Vertrauen in die Wahrheit (auch in die Wahrheit der Wissenschaft respektive des Glaubens) sehr schwach ist. Wenn der Szientismus und der religiöse Fundamentalismus aneinandergeraten, sehe ich keinen Grund, warum ich mich wie auch immer in diesem Kampf engagieren sollte, warum ich von meiner Stellung aus, die von den beiden anderen so weit entfernt ist, den einen oder den anderen von ihnen »unterstützen« sollte; wenn es nicht so schadenfroh klingen würde, könnte ich hinzufügen, dass ich es für ein verhältnismäßig glückliches Ergebnis halten würde, wenn sich die beiden auf dem Kampfplatz in der Arena gegenseitig niederstrecken würden.

***

Wenn ich behaupte, dass ich eine Art und Weise kenne, wie man Wunder auf Schritt und Tritt wahrnehmen kann, dann spreche ich von einem Weg, auf dem der Glaube und die Kunst gemeinsam lange freundschaftlich schreiten können. Und ich kenne keinen besseren Begleiter auf diesem Weg als den alten Chesterton mit seiner Kunst, die »gewichtigen Kleinigkeiten« zu entdecken.

Simone Weil, eine meiner großen Glaubenslehrerinnen (die mit ihren Zweifeln ihr ganzes Leben lang um den Glauben rang), hielt die wundervolle Schönheit der Welt für einen der wesentlichen Wege, Gott zu begegnen. Ihre theologische Ästhetik ruht auf einer tiefen, wahrhaft mystischen Einsicht: Die Schönheit offenbart den Gehorsam der Materie gegenüber Gott.

»Christus hat uns die Fügsamkeit der Materie als Vorbild hingestellt, als er uns den Rat gab, die Lilien des Feldes zu betrachten, die weder arbeiten noch spinnen. Das heißt, sie haben sich nicht vorgesetzt, diese oder jene Farbe anzulegen; sie haben weder ihren Willen in Bewegung gesetzt, noch irgend welche Mittel auf diesen Zweck hingeordnet; sie haben alles empfangen, was die Naturnotwendigkeit ihnen zubrachte. Wenn sie uns unendlich viel schöner erscheinen als prächtige Stoffe, so nicht deshalb, weil sie prächtiger wären, sondern wegen dieser Gefügigkeit. Auch das Gewebe ist gefügig, aber es fügt sich dem Menschen, nicht Gott. Die Materie ist nicht schön, wenn sie dem Menschen gehorcht, nur wenn sie Gott gehorcht. Wenn sie mitunter in einem Kunstwerk fast ebenso schön erscheint wie in dem Meer, den Gebirgen oder den Blumen, so rührt dies daher, dass der Künstler von Gottes Licht erfüllt war. Um auch solche Dinge schön zu finden, die von Menschen hergestellt wurden, denen Gottes Erleuchtung nicht zuteil geworden ist, muss man mit ganzer Seele begriffen haben, dass diese Menschen selber nur unwissentlich gehorchende Materie sind. Wer dahin gelangt ist, für den ist unbedingt alles hienieden vollkommen schön. In allem Dasein, in allen Hervorbringungen erkennt er den Mechanismus der Notwendigkeit, und in der Notwendigkeit kostet er die unendliche Süßigkeit des Gehorsams. Dieser Gehorsam der Dinge ist für uns in Bezug auf Gott das, was die Durchsichtigkeit eines Fensterglases in Bezug auf das Licht ist. Sobald wir diesen Gehorsam mit unserm ganzen Wesen empfinden, sehen wir Gott.«²

* * *

Wir müssten große Dogmatiker sein, wenn wir von vornherein Erscheinungen ausschließen würden (und dann begreiflicherweise absichtlich nicht sehen würden), die sich unserem »natürlichen« oder auch unserem »wissenschaftlichen« Blick entziehen, »Dinge zwischen Himmel und Erde, von denen wir nicht einmal eine Ahnung haben«, vor denen unserer Vernunft schwindelig wird. Aber in diesen außergewöhnlichen Dingen sehe ich eher eine Herausforderung für die Vernunft als für das Gebiet des Glaubens; wenn die Vernunft und die Wissenschaft eingestehen, dass sie etwas nicht verstehen (beziehungsweise *noch* nicht verstehen), halte ich dies für den Ausdruck ihrer Aufrichtigkeit und Ehrlichkeit, und ich wüsste nicht, warum ich damit im Namen der Religion der Wissenschaft gegenüber triumphierend auftreten sollte. Manche dieser Erscheinungen wird die wissenschaftliche Vernunft mutmaßlich früher oder später auf irgendeine Art und Weise unter die »gelösten Probleme« einreihen können, andere wiederum bleiben vielleicht ein Rätsel, jedoch wüsste ich nicht, warum ich das Geheimnis, auf das sich der Glaube bezieht, dadurch degradieren sollte, dass ich ihn mit ähnlichen Rätseln in Verbindung bringe. Ich gestehe ein, dass mir jene Theologie sehr fern ist, die die »Wunder Jesu« als *Beweise* seiner Gottheit präsentieren will, genauso wie diejenige, die für eine Heiligsprechung »Wunder« fordert (und zwar oftmals in genau jenem vulgären Sinn eines »wissenschaftlich nicht erklärbaren Rätsels«); und ich bin davon überzeugt, dass ich meine Vorbehalte gegenüber dieser Art von Theologie theologisch verteidigen könnte.

Ich teile nicht die Schwierigkeiten, die aufgeklärte Rationalisten damit haben, zu glauben, dass »für Gott nichts unmöglich ist«. Der Mensch braucht im Gegenteil eine gehörige Dosis an Vorurteilen (und diese werden ihm mit Freude von dem von der Aufklärung bezeichneten Typ der Bildung und Wahrnehmung angeboten), auf dass er blind und taub werde gegenüber dem breiten Strom religiöser Erfahrungen gewöhnlicher gläubiger Menschen, der die gesamte Geschichte durchfließt, einschließlich der unzähligen Erfahrungen von Gebetserhörungen (noch dazu häufig wirklich »wundersamer«). Das theologisch wirklich interessante Thema ist jedoch die Erfahrung des *unerhörten* Gebets, der »Taubheit Gottes«, mit der Ijob so lange konfrontiert war, und vor und nach ihm so viele Menschen. Erst dieser Erfahrung mit dem schweigenden, »nicht funktionierenden« Gott stellt uns eigentlich in die Situation des Glaubens mit allen ihren Dilemmata.

Der wahre Ort des Glaubens ist nicht das Wunder, sondern die Abwesenheit des Wunders. Der durch ein Wunder erweckte oder hervorgerufene Glaube ist meiner Meinung nach nicht von allzu großem Interesse. Der Glaube wird erst dort zu einem wirklichen Glauben, wo die Wunder (auch wenn wir sie uns vielleicht dringend herbeisehnen) nicht geschehen. »Selig sind, die nicht sehen und doch glauben«, sagt Jesus dem Apostel Thomas zum Abschied. Die wirkliche Herausforderung für den Glauben ist eher *das Gegenteil eines Wunders*: eine Situation, in der die Sachen gerade auf die entgegengesetzte Weise geschehen, als wir es uns vorstellen und wünschen.

Erst dort, wo wir uns entscheiden müssen, ob wir zu dem Glauben neigen, dass »es keinen Gott gibt« bzw. dass der Mensch ihm gleichgültig ist, oder zu Spekulationen, die sich verzweifelt darum bemühen, Gott zu rechtfertigen, ihn von jeder Schuld freizusprechen, ihn zu verteidigen (wie es die Freunde Ijobs getan haben) beziehungsweise halsbrecherisch zu beweisen, dass ein Nicht-Erhören eigentlich ein Erhören sei, jedoch an einem anderen Ort oder auf eine andere Weise, stehen wir an der entscheidenden Weggabelung: Gelingt es uns zu begreifen, dass wir durch alle diese törichten Schritte (und zwar egal ob durch die zu schlichte Lösung des atheistischen Glaubens oder durch fromm wirkende Pirouetten theologischer Argumentation) nur immer weiter an unserer bisherigen Vorstellung von Gott festhalten und also *unsere Vorstellung* von Gott entweder ersatzlos verwerfen oder verteidigen? Sind wir in der Lage, die eigentliche Chance, die uns jene »religiöse Krise« bietet, zu ergreifen, nämlich sich der Erkenntnis zu öffnen, dass *Gott ganz anders ist,* als wir ihn uns bisher vorgestellt hatten?

Das radikal Neue an dieser Lösung des Dilemmas von Glauben und Unglauben ist die Einsicht, dass jene *Andersartigkeit Gottes* so ungeheuer und so radikal ist, dass es nicht darum geht, dass wir unsere alte Vorstellung von Gott durch eine neuere ersetzen würden, sondern darum, dass wir den Mut finden, alle unsere menschlichen Vorstellungen von Gott abzulegen (oder zumindest »in Klammer zu setzen«) und schweigend und staunend vor dem Geheimnis stehen zu bleiben. Das ist das Ergebnis der harten Lektion, die Ijob durchmachte – seine Worte: »Ich lege meine Hand auf meinen Mund.«

Und gleichzeitig sagt Ijob: »Vom Hörensagen nur hatte ich von dir vernommen, jetzt aber hat mein Auge dich geschaut« (in anderen Übersetzungen wird hier hinzugefügt: von Angesicht zu Angesicht).[3] Genauso Jakob: Nachdem seine ganze bisherige religiöse Erfahrung erschüttert und in Zweifel gezogen wurde, als sich ihm Gott als Gegner gegenüberstellte, als ein unbekannter nächtlicher Angreifer, ruft er: »Ich habe Gott von Angesicht zu Angesicht gesehen und bin doch mit dem Leben davongekommen.«[4] Und diese Erfahrung ermöglicht ihm auch, im Angesicht seines Bruders Esau, mit dem er bisher immer wetteiferte und kämpfte, »das Angesicht Gottes« zu sehen.[5]

Sind es nicht gerade diese Männer, die begriffen haben, dass das Angesicht Gottes ein Geheimnis ist und dass sie erst dann, wenn sie angesichts des Geheimnisses stehen bleiben, Gott von Angesicht zu Angesicht schauen?

***

Ein *wahrer* Glaube ist auf die Wahrheit bezogen; die Wahrheit des biblischen Glaubens jedoch, jene Wahrheit, auf die sich dieser Glaube bezieht, ist von der Wolke des Geheimnisses verdeckt – und deshalb kann der Glaube nur dann in diese Wolke vordringen, wenn er von der Hoffnung begleitet und gestützt wird.

Alle Glaubenssätze werden naiv und zugleich arrogant, wenn sie vergessen, dass sie gemeinsam mit jenem »vielleicht« der Hoffnung ausgesagt werden müssen. Jenes »vielleicht« erscheint aus der menschlichen Perspektive heraus betrachtet als *Zweifel*, es ist jedoch nicht als »Zweifel an Gott« zu klassifizieren (der, streng genommen, in der Tat eine Sünde wäre, nämlich die Sünde, der Undankbarkeit und der Bequemlichkeit zuzuhören), sondern vielmehr als ein demütiges Wissen um den Unterschied von der göttlichen Größe und der beschränkten Kapazität unserer Sprache und unseres Begreifens. Aus einer anderen Perspektive betrachtet ist jenes »vielleicht« dagegen das Wort der Hoffnung.

Martin Buber hat einmal über einen chassidischen Rabbiner geschrieben. Dieser wurde von einem aufklärerischen Lehrer ständig mit Büchern versorgt, die alle Arten von möglichen Einwänden der Vernunft gegen den Glauben beinhalteten.[6] Als er dann einmal in der Nacht den Rabbiner aufsuchte, erwartete er, dass er ihn entweder schon von seinem Atheismus überzeugt hätte oder dass der Rabbiner leidenschaftlich dagegen argumentieren und seinen Glauben verteidigen würde. Aber als er nach einem vergeblichen Klopfen an der Tür zum Fenster hineinschaute, sah er den Rabbiner, wie er seine Bibel in den Händen wog und leise zu sich selbst sagte: »Und *vielleicht* ist es doch wahr ...« Und dieses Furcht erregende »vielleicht« des Rabbiners erschütterte die Selbstsicherheit dieses leidenschaftlichen Ungläubigen.

Mit einem selbstsicheren Glauben kann der selbstsichere Atheismus gut ringen, denn beide sind, nebenbei bemerkt, in ihrer Naivität Zwillinge. Der selbstsichere Glaube verliert dann in diesem Ringen häufig, weil er das Wort des Paulus vergessen hat, dass wir in dieser Welt die göttlichen Sachen nur teilweise sehen. Wir sehen sie wie in einem Spiegel, sehen nur rätselhafte Umrisse. Ein Glaube aber, der keine stolze Sicherheit auf dem Schild trägt, sondern das demütige *Vielleicht*, ist, obwohl er schwach erscheinen mag, in Wirklichkeit unumstößlich stark. Dieses »vielleicht« mag wie die lächerliche Steinschleuder in den Händen Davids gegenüber dem gewaltigen Schwert und der Rüstung des Atheismus vom Format eines Goliath erscheinen; genauso überraschend siegt es aber. »Denn das Törichte an Gott ist weiser als die Menschen und das Schwache an Gott ist stärker als die Menschen.«[7]

Der demütige Glaube, *stark nur durch die Hoffnung*, legt in das Nest der atheistischen Behauptungen die Eier des Zweifels, die Wörter »vielleicht« und »*noch* nicht«. »Gott gibt es *noch* nicht«, ihn gibt es hier noch nicht mit jener Deutlichkeit, die jeden dazu *zwingen* würde, zu glauben. Ein Glaube, der aufgrund von Deutlichkeit, unumstößlichen Argumenten oder »unbezweifelbaren

Wundern« erzwungen ist, ist kein Glaube, genauso wie eine Hoffnung, die man schon erfüllt sieht, keine Hoffnung ist (vgl. Röm 8,24). Gott verbirgt sich noch in der Ambivalenz der Welt, hinter dem Paravent des doppelsinnigen Wörtchens *vielleicht*, das sowohl Zweifel (am Glauben oder am Atheismus) als auch Hoffnung bedeuten kann. Der Glaube kann es sich noch nicht auf der Liege der Sicherheiten gemütlich machen und fett werden, er kann sich nicht von Risiken freimachen, er muss die mutige Tat bleiben, »in das Paradox hineinzuspringen«, die Last der Unsicherheiten auszuhalten und Ausdauer beim Warten vor dem Tor zum Geheimnis zu beweisen: einem Warten, das sowohl die Qual einer unerfüllten Sehnsucht als auch die wärmende Ruhe des unendlichen Vertrauens in sich birgt.

***

In letzter Zeit plakatieren Gruppen militanter Atheisten in den Bussen und an den Straßenrändern einiger europäischer Städte Poster mit der Parole »Gott gibt es höchstwahrscheinlich nicht« (und geben dazu noch Tipps zu einem konsumorientierten Leben: »Genieße dein Leben.«) Auch der bekannteste Apostel des »neuen Atheismus«, Richard Dawkins, flüchtet, wenn er die naive Arroganz seiner selbstsicheren Überzeugung verbergen und den Schein wissenschaftlicher Seriosität bewahren möchte, in die Formulierung: Gott gibt es *höchstwahrscheinlich* nicht.

Aber steckt hinter diesem Wörtchen *höchstwahrscheinlich* wirklich jene Demut vor dem Geheimnis beziehungsweise jener Strahl der Hoffnung wie in dem »Furcht erregenden ›vielleicht‹« des Rabbiners? Ich bezweifle das. *Gott gibt es höchstwahrscheinlich* – oder es ist zumindest vernünftig, mit der Wahrscheinlichkeit seiner Existenz zu rechnen (erinnern wir uns an die berühmte Wette Pascals). Gott gibt es notwendigerweise, wenn wir unsere Vernunft so benutzen, wie es die klassische Metaphysik von Aristoteles über Thomas bis heute tut. Es bleibt nur die offene Frage, inwieweit sich dieser »erste Beweger« der metaphysischen Gottesbeweise legitimerweise mit dem Herrn der Bibel identifizieren lässt. Dagegen gibt es einen Gott, wie Dawkins ihn sich vorstellt und vom Sockel stößt, nicht nur höchstwahrscheinlich, sondern *gewiss nicht* – so viel kann der christliche Glaube mit Sicherheit sagen. Denn er kann sich auf mehrtausendjährige Erfahrungen mit dem Umstürzen und Fällen von ähnlich falschen Göttern stützen.

Dawkins und die gegenwärtigen spät-aufklärerischen Szientisten bestreiten einen Gott, den sich ihre Vorgänger, die Deisten und Theisten der Aufklärung im 17. Jahrhundert ausgedacht hatten. Für sie war Gott eine nützliche *Hypothese* auf der Suche nach dem mechanischen Urheber des Universums. Kurz darauf wurde diese Hypothese von einer Reihe von Wissenschaftlern zum Glück nicht mehr benötigt (was in der bekannten Antwort des französischen Physikers und Mathematikers Pierre-Simon Laplace an Napoleon deutlich wird[8]), und weder die heutige Physik noch die Theologie benötigen sie. Nur Dawkins vermutet aus unbekannten Gründen (vielleicht, weil er nur den Obskurantismus der Kreationisten und mancher Verkünder des »intelligent design« vor Augen hat), dass sie immer noch lebendig sei, und deshalb bekämpft er sie vehement und denkt dabei offenbar, dass er damit gleichzeitig den Gott der Christen und die Religion insgesamt widerlegt habe. Wenn ich die Bücher von Dawkins lese, habe ich das Gefühl, dass seine Kritik weder meinen Glauben noch den Gott meines Glaubens trifft und dass der Gott, mit dem er kämpft, mir sowieso »unwahrscheinlich« vorkommt, flach und auskonstruiert wie sein szientistisches Modell einer Natur ohne Geheimnis.[9]

Thomas von Aquin hat jene Dialektik von Sicherheit und Unsicherheit im Glauben mit der Behauptung gelöst, dass zwar die Vernunft beim Nachdenken über die Wirklichkeit der endlichen Welt logisch zu der Überzeugung gelangen kann, dass es Gott (oder jene unendliche erste Ursache, von der Thomas zurückhaltend sagt: »und das ist das, was alle Gott nennen«) *gibt*, er fügt jedoch gleich hinzu, dass wir nicht wissen, *wer* dies in Wirklichkeit ist (denn das innere Leben Gottes ist das absolute Geheimnis, das nur offenbart, aber nicht von der Vernunft aufgedeckt werden kann) und was »*Sein*« im Fall Gottes bedeutet.

Hohe Repräsentanten der europäischen Kirchen haben auf die Straßenagitation der Atheisten dieses Mal überraschend intelligent, ja sogar weise reagiert: nämlich positiv. Aus ihren reichen pastoralen Erfahrungen wissen sie, dass der heute am meisten verbreitete und gleichzeitig gefährlichste Gegner des Glaubens kein aufgeregter und militanter Atheismus ist, sondern der massenhafte, unreflektierte, »natürliche« Konsum-Atheismus, jene satte, faule und schläfrige Gottlosigkeit der religiösen Gleichgültigkeit. (Dieser lauen Gleichgültigkeit begegnet man sowohl unter denen, die sich für Ungläubige halten, als auch unter den »Taufscheinchristen«; sie ist jedoch typisch für diejenigen, die sich die Frage nach der Religion und ihrer Religiosität oder Areligiosität gar nicht mehr stellen.) Könnten diese Plakate mit dem Namen Gottes (obwohl sie eigentlich den Glauben widerlegen wollen) nicht sogar das Gegenteil bewirken, nämlich die vergessene Frage nach Gott wieder erwecken? Hat nicht der Verkünder des Todes Gottes bei Nietzsche, der auf den Marktplatz derer kam, *die an Gott nicht glaubten*, in Europa – wenn auch mit gehöriger Verspätung und eher nur bei den Intellektuellen unter den Gläubigen und Ungläubigen – ganz ähnlich ein neues Interesse am Thema Gott geweckt und einen neuen, tiefgründigen Stil des Nachdenkens über Gott in Theologie und Philosophie der letzten Jahrzehnte hervorgerufen?

Die Frage nach der Existenz oder Nichtexistenz Gottes (und die dieser Frage unvermeidlich vorausgehenden Fragen danach, was wir uns unter den Worten *Gott* und *Existenz* vorstellen) gehören jedoch nicht auf die Straße, in den Mund oder auf die Plakate der Straßenagitatoren für oder gegen den Glauben, sondern vielmehr in die Hörsäle der Universitäten, weil es eher philosophische als religiöse Fragen sind. Die eigentliche *Frage des Glaubens* jedoch, wie Gott spricht, wenn er schweigt, wie man glauben soll, wenn »religiöse Sicherheiten« versagen und »atheistische Sicherheiten« sie nicht adäquat ersetzen können, ist keine abstrakte, theoretische Frage, sondern eine in der Tat existenzielle und geistliche Frage.

* * *

Ich fürchte einen Glauben, der keinen Raum mehr bietet für das demütige Wörtchen »vielleicht«. Ich fürchte eine religiöse Sicherheit, die keinen Raum bietet für *wirkliche Wunder*: für Gott, der überraschend alle unsere bisherigen Sicherheiten umstoßen kann, einschließlich unserer religiösen Sicherheiten. Ich fürchte einen Glauben, der sich nach spektakulären Wundern sehnt und das Wunder des alltäglichen Lebens übersieht.

Warum beziehe ich derart Stellung gegen religiöse Versammlungen in den Stadien, die durch Plakate mit den Namen berühmter Missionare, Heiler und Exorzisten angekündigt werden? Ich war einige Male bei solchen Veranstaltungen zugegen und habe, wie es meine Art ist, den Menschen aufmerksam in die Augen geschaut. Zugegeben, ich ertrage leichter ein spitzbübisches Zwinkern der Skeptiker als die flammenden Blicke manipulierter Fanatiker. Aber was ich leider seit Jahren nicht aus dem Gedächtnis verdrängen kann, ist der Blick eines Kindes im Rollstuhl und der Blick seiner Eltern, die von den Plakaten der »Geistheiler« auf diese Veranstaltung gelockt wurden; dieser eher hündische als menschliche Blick, die feuchten, um das verheißene Wunder flehenden Augen der Hoffnung. Ich weiß nicht, ob der aus den Lautsprechern donnernde Prediger ein zynischer Scharlatan war oder ob es ihm vielleicht gelungen war, sich selbst zu überzeugen, dass er die mächtige Rechte des Heiligen Geistes sei. Für mich konnte ich nur ständig wiederholen: Nein, so etwas darf man nicht, darf man nicht, darf man nicht mit der menschlichen Hoffnung tun. So darf man weder mit dem Evangelium noch mit dem menschlichen Schmerz umgehen. Was, wenn nicht diese Manipulation der Menschen im Namen des Geistes Jesu, könnte man als »Sünde wider den Heiligen Geist« bezeichnen?

Hoffentlich sind diese an ihrer Last schwer tragenden Menschen nicht nach Hause gegangen mit dem Schuldgefühl, im Glauben nicht stark genug zu sein, weshalb sie des Wunders nicht würdig seien (wie ich das in einem ähnlichen Milieu gehört habe). Keine Frage: Der Geist weht, wo er will – und vielleicht konnten sie dort auch jenes Geschenk bekommen, um das die »gemäßigten Charismatiker« bitten, das Geschenk, geduldig sein Kreuz zu tragen, mit dem das menschliche Vermögen nicht fertig wird. Aber ich kann mir dennoch nicht helfen: Auf der Veranstaltung gingen mir die Worte aus der Erzählung über Elija am Horeb nicht aus dem Ohr: »Doch der Herr war nicht in dem Sturm.«

Es sind nicht die Traktate der Atheisten, sondern das Handeln einer ganzen Reihe von Christen, das mir den Glauben von Zeit zu Zeit schwer macht – aber Gott weiß, dass es nicht nur mir so geht. Dann sage ich zu mir etwas Ähnliches, was bereits Luther dem Versucher antwortete: Wegen dir habe ich nicht zu glauben angefangen, wegen dir werde ich auch nicht damit aufhören. Und wenn lärmende Schwerbewaffnete einer selbstsicheren Religiosität die Felder meines Glaubens überqueren, die mit ihrer Art, den Glauben zu präsentieren, ihn höchstwahrscheinlich bald tottrampeln würden, erwecke ich ihn wieder; manchmal mit den Worten der Hoffnung des alten Rabbiners: *Vielleicht* ist es doch wahr …

Anmerkungen

[1] Dabei gilt es, den Unterschied zwischen »ratio« und »intellectus« im Blick zu behalten, einschließlich des großen Unterschieds zwischen der mittelalterlichen Auffassung vom Intellekt und der oftmals sehr verengten, »technischen« Auffassung der Rationalität in der Moderne.

[2] Weil, S., Das Unglück und die Gottesliebe. Mit einer Einführung von T. S. Eliot, München ²1961, S. 126f.

[3] Ijob 42,5.

[4] Gen 32,31.

[5] Vgl. Gen 33,10.

[6] Buber, M., Die Erzählungen der Chassidim, Zürich 1992, S. 363f.

[7] 1 Kor 1,25.

[8] Auf die Frage Napoleons, wo in seinem System der Begriff Gott zu finden sei, antwortete der Wissenschaftler: »Ich habe dieser Hypothese nicht bedurft.«

[9] Eine Ausnahme ist Dawkins' Buch »Das egoistische Gen« (*The Selfish Gene*) von 1976; die dort entwickelte interessante Beschreibung der »gefallenen Natur« aus einem nicht-theologischen Blickwinkel würde eine theologische Rezeption verdienen.

7. Das Brot des Armen

Wie hängen Armut und Hoffnung zusammen? Eine erste Assoziation lautet: Der Arme hofft, dass er zu Reichtum gelangt. Diese dürfte uns allerdings nicht zu besonders tiefgründigen Einsichten führen. Eine zweite Assoziation lautet: »Freiwillige Armut ist ein Ausdruck von Hoffnung«, und diese führt uns in die monastische Welt. Der heilige Johannes vom Kreuz verband die drei göttlichen Tugenden mit den drei Vermögen der Seele, eine alte monastische Tradition verband sie mit den drei Ordensgelübden: den Glauben mit dem Gehorsam, die Liebe mit der Keuschheit und die Hoffnung mit der Armut.

»Wer seine Hoffnung auf Gott setzt, hat in ihm seinen Reichtum und kann unabhängig vom Reichtum der Welt leben, kann den Reichtum verachten und die Armut wählen.« Man muss jedoch achtgeben, dass sich diese leicht gesagten schönen Grundsätze nicht in hohle Phrasen verwandeln.

Wenn wir nun auf die freiwillige Armut zu sprechen kommen, dürfen wir nicht einmal einen Augenblick lang den riesigen Teil der heutigen Welt aus den Augen verlieren, der in gänzlich *unfreiwilliger* Armut und Elend lebt. Ich schäme mich immer, über die Armut zu sprechen und zu schreiben angesichts des Elends, das ich selbst nicht erfahren habe. Wirkliches Elend habe ich nie erlebt, sondern habe es lediglich an vielen Orten dieses Planeten aus nächster Nähe gesehen. Ich werde nie den Tag vergessen, an dem ich während meiner Reisen quer durch Indien im Auftrag eines indischen Priesters am Aschermittwoch die Messe in einer Schule im Armenviertel von Jaipur feiern sollte, als mir die vorbereiteten Worte meiner Predigt über die Bedeutung der Fastens in der Kehle steckenblieben, als ich in die Augen der Kinder schaute, die sich in ihrem Leben nicht einmal halbwegs satt essen konnten. Ich bin sicher relativ arm im Verhältnis zu denen, die die Jahre des juristischen und moralischen Chaos nach dem Fall des Eisernen Vorhangs in Tschechien wie einen Dschungel willkommen geheißen haben und begannen, sich wie Raubtiere zu verhalten, die durch den Geruch einer leichten Beute rasend wurden. Jedoch besitze ich immer noch mehr, als ich zum Leben unbedingt brauche; auch hier in der Einsiedelei, wo ich die Einfachheit des Lebens und die Befreiung insbesondere von allen zerstreuenden Kommunikationsmitteln genieße, fehlt es mir dennoch im Entferntesten nicht an etwas. Eine gewisse Grenzerfahrung, dass die Menschheit der Natur ausgeliefert ist, habe ich einmal in einer kleinen Hütte auf der Insel Nelson in der Antarktis gemacht; das war eine jener kostbaren Erfahrungen, die dem Menschen die illusorische Krone, sich als »Herrscher der Natur« zu fühlen, vom Kopf schlägt: Dort spürt der Mensch jene Armut, Nacktheit, Ungeschütztheit und Verletzbarkeit des menschlichen Wesens gegenüber der grausamen Macht der ungebundenen, unbezwungenen, ungezähmten Natur. Aber auch hier lässt sich einwenden, dass es in meinem Fall eigentlich ein harmloses, zeitlich limitiertes Spiel war, bei dem ich real hoffen konnte, dass dies alles schon einige Wochen später in einer heißen Wanne oder in einem bequemen Sessel am Kamin, mit einer Pfeife im Mund und einem Glas Whiskey in der Hand in mir wahrscheinlich angenehme Erinnerungen hervorrufen würde. Bei allen Überlegungen über die Armut muss ich mir demütig der Grenzen bewusst werden, die dadurch gegeben sind, dass ich in dem Teil der Menschheit verwurzelt bin, in dem wesentlich mehr Menschen infolge von Übergewicht als vor Hunger sterben.

Wenn man sich auf religiöse Betrachtungen über die Armut einlässt, muss man bei der Auslegung einiger biblischer Texte auf ein gewisses Geschäftsgebaren achten – auf die Zusage, dass Gott einmal im Himmel den Armen ihre Qual auf Erden vergelten wird. Diese Art und Weise, den Armen zu predigen, von denen es in der Geschichte nicht gerade wenige gab, kann den »nach Gerechtigkeit Hungernden und Dürstenden« wirklich die Füße unter dem Boden wegziehen. Statt den Armen die helfende Hand zu reichen oder sie zu unterstützen in ihrer Anstrengung, ein würdigeres Leben zu führen, würde man die Armut auf eine perfide Art legitimieren, ihr eine sakrale Würde zusprechen und die bestehenden Verhältnisse rechtfertigen. Dies wäre dann in der Tat »Opium des Volkes«. Die biblischen Propheten und in ihren Fußstapfen die Apostel Christi haben dagegen stets betont, dass eine authentische Frömmigkeit, die in den Augen des Herrn Gnade finden wird, »sich der Waisen annimmt und den Witwen zu ihrem Recht verhilft« und nicht die Ohren vor dem Geschrei der Armen verschließt, deren Klage zu Gott dringt. Jesus fordert uns sicher nicht auf, dass wir versuchen sollen, durch das Wunder einer Revolution aus Steinen rasch Brote zu machen oder den Himmel auf die Erde herunterzutragen; Jesus bemerkt realistisch, dass wir »Arme immer bei uns« haben werden. Trotzdem dürfen wird den »Himmel«, die eschatologische Hoffnung des Christentums, nicht als ein in sicherer Entfernung liegendes Behältnis für Wechsel missbrauchen, die wir nicht zu begleichen beabsichtigen.

Die Tradition des christlichen sozialen Denkens unterscheidet seit jeher das Elend (ein Mensch hat nicht das, was er notwendig zum Leben braucht), die Armut (der Mensch hat nur das, was er unbedingt zu seinem Leben braucht und nichts mehr) und den Reichtum (der Mensch hat mehr, als er braucht). Das Elend wird als etwas Böses aufgefasst, das mit allen zur Verfügung stehenden vernünftigen und gerechten Mitteln (also nicht mit solchen, die nur Hass und Gewalt schüren und die Freiheit der Gesellschaft einschließlich der wirtschaftlichen Freiheit liquidieren würden) überwunden oder wenigstens gelindert werden soll. Der Reichtum wird nicht als an sich böse bewertet, jedoch als Risikozustand (ähnlich wie die Macht); derjenige, der reich ist, sollte achtgeben, dass sein Herz nicht verfettet und hart wird, dass er nicht dem Geiz verfällt, dem Stolz und der Habgier, dass er sich bewusst ist, dass Reichtum eine »moralische Hypothek« mit sich bringt, nämlich die Verpflichtung, dem Bedürftigen und dem »Gemeinwohl« zu helfen.

Die Armut wird traditionell als Idealzustand für jene Menschen begriffen, die sich dem »geistlichen Leben« widmen möchten: Sie sollen sich weder mit einem Übermaß an Sorgen noch mit dem Ringen um das nackte Überleben, noch mit der Verantwortung für den Besitz auseinandersetzen müssen. Darin stimmt das Christentum mit der Ethik der Stoa und der Weisheit vieler Schulen des geistlichen Lebens über alle Grenzen von Kulturen und Konfessionen hinweg überein.

In der Verkündigung Jesu – insbesondere in seiner bekanntesten Predigt, in der »Bergpredigt«, in der ersten Seligpreisung, die die feierliche Eröffnung oder das Leitmotiv dieser Sammlung von Schlüsselaussagen Jesu darstellt – wird der Armut ein besonders wichtiger Platz zugewiesen. Während die Version des Lukas einfach von »den Armen« spricht, sind in der Fassung von Matthäus diejenigen selig, »die den Geist der Armut haben«. Wie der Reichtum an sich nicht böse ist, so ist wiederum Armut an sich noch kein moralisches Gut; die Rede von der Armut bezieht sich hier nicht auf den Zustand des Geldbeutels, sondern auf den Zustand des Herzens und des Gemüts, den Zustand des Geistes.

Die soziale Armut wird damit zur Metapher ähnlich wie der »Hunger und der Durst« in der Seligpreisung derer, die nach Gerechtigkeit dürsten, oder das »Trauern« derer, die die Welt nicht zu satter Gleichgültigkeit eingeschläfert hat. Flüchten wir uns aber nicht zu schnell in eine »Spiritualisierung« der Armut, auch wenn eine solche Auffassung von Armut in der mystischen Literatur tiefe

Einsichten bietet. Armut ist für das Christentum nicht nur eine Metapher. Das Christentum interpretiert die Welt und die Phänomene in ihr nicht nur metaphorisch, sondern *sakramental*, wobei es betont, dass die Sakramente »reale Symbole« sind: Sie bewirken das, was sie bedeuten; sie sind »sichtbare Zeichen der unsichtbaren Gnade«. In welchem Sinn ist die Armut ein heiliges Zeichen, in welchem Sinn ist in ihr Gott anwesend?

Die Ansicht, dass das Geld im Kapitalismus, der wie eine Religion funktioniert, eine quasi-sakramentale Rolle spielt, »das sichtbare Zeichen einer unsichtbaren Gnade« ist und eine »mystische Partizipation« an den gesellschaftlichen Werten ermöglicht, habe ich bereits zitiert. (Als Theologe füge ich natürlich hinzu, dass es sich hier höchstens um eine Analogie handelt oder eher um die Karikatur eines Sakraments; der Ausdruck *Gnade* bedeutet hier etwas anderes als das, was die Sprache der Theologie mit diesem Wort meint.)

Wie steht es aber dann mit der Armut? Die Armut *im geistlichen Sinne des Wortes*, insbesondere die freiwillige, religiös motivierte Armut »geweihter Personen«, kann als ein »reales Zeichen« der *Gnade* begriffen werden, also des göttlichen Lebens selbst, das den Raum erfüllt, den der Mensch durch den Verzicht auf Besitz freigeräumt hat. Gott selbst füllt die Freiheit, die der Mensch gewonnen hat, indem er das »Festhalten am Eigentum« überwand; Gott gibt dieser Freiheit, dieser Leere Inhalt und Sinn. Ähnlich wie der Verzicht auf ein Familienleben soll auch der Verzicht auf Besitz ein Zeichen dafür sein, dass

»Gott allein genügt«. (Die beiden Ordensgelübde, die Keuschheit und der Gehorsam, hängen eng miteinander zusammen; denn die Sorge um die materielle Sicherung ist moralisch berechtigt, ja sogar eine moralische Pflicht, insbesondere als Ausdruck der Verantwortung gegenüber der Familie. Und wenn wir dagegen von Zeit zu Zeit in der Kirche sehen, dass der Zölibat nicht mit der Armut verbunden ist, verliert er seinen Sinn, wird zu einem sorglos bequemen Junggesellen- oder Altjungferntum).

Die Existenz als Ordensmann oder Ordensfrau, wenn sie ehrlich und radikal aufgefasst wird, ist auf gewisse Art und Weise ein »Adrenalinsport«: Der Mensch springt vom Ufer der Sicherheiten, welche Familie und Besitz darstellen können, in die geheimnisvolle Tiefe der Arme Gottes. Ein gewisses Rettungsnetz kann dabei die Kommunität eines Ordens sein. Sie muss es aber nicht, und in manchen Fällen ist sie nur ein ziemlich dünnes oder zerrissenes Netz. Jedoch reicht selbst die Gemeinschaft in einem Orden nicht aus und kann eine Familie nicht voll ersetzen. Der Verzicht auf diese großen Lebenssicherheiten im Ordensleben ist immer ein Akt des Vertrauens und der Hoffnung. Der Mensch hofft darauf, dass er die Art und Weise begreift und annimmt, mit der die eigene Leere von Gott gefüllt wird. Dabei kommt es wesentlich auf eines an (was man den Kandidaten für das Ordensleben aber leider häufig nicht sagt): Die Art und Weise, wie Gott das *im einzelnen Fall* tut, kennt der Mensch zu Beginn seines Weges (und oft auch noch lange danach) nicht, und er kann sie auch nicht kennen. Denn Gott ist in seinem Handeln an den Menschen und in den Weisen, wie er in ihr Leben eintritt, unberechenbar originell bis unerträglich erfinderisch – was schön und erschreckend zugleich ist. Ja, Gott ist wirklich ein »mysterium tremendum et fascinans«, ein faszinierendes, aber auf seine Art und Weise auch ein *erschreckendes* Geheimnis.

Der heilige Benedikt betont zu Beginn seiner Regel, dem Klassiker des westlichen Mönchtums, völlig zu Recht, dass der Sinn und das Ziel des Ordenslebens die *Suche* nach Gott ist. Das ist keineswegs eine einfache Aufgabe. »Gott ist das, worüber hinaus Größeres nicht gedacht werden kann«, behauptete der heilige Anselm. Ich würde hinzufügen: Gott ist das, was oft tiefer verborgen ist, als wir zu denken vermögen ...

* * *

Kehren wir jedoch aus den stillen Klöstern und von ihrer keuschen Armut zurück zur Armut auf unseren Straßen und in den Slums unserer Städte. »Wenn du unsichtbar sein willst, werde arm«, singt man wohl in einem spanischen Volkslied.

Das Evangelium dient den Armen daher schon damit, dass es von ihnen spricht und damit den Armen sichtbar macht. Der Leser der Evangelien weiß, dass »er im Armen Christus begegnet«.[1] Übersehen wir jedoch nicht ein wichtiges Paradox: In dem erwähnten Text des Matthäusevangeliums steht deutlich, dass der Mensch dann Christus im Armen begegnet, wenn er dem Armen nicht »um Christi willen« hilft, sondern um seiner selbst willen. Die Gerechten sind daher beim Jüngsten Gericht geradezu *überrascht*, dass in dem Armen, dem sie gedient haben, Jesus selbst war.

Wagen wir einen kühnen Vergleich.[2] Nach der Lehre der Kirche re-präsentiert (vergegenwärtigt) das eucharistische Brot Christus, »ist« Christus, ohne dass es Brot zu sein aufhört (der sakramentale Charakter der Eucharistie dauert sogar nur an, wenn die Eucharistie die sichtbare Gestalt einer Speise nicht verliert), und der Mensch Jesus re-präsentiert Gott und »ist Gott«, ohne dass er für einen einzigen Augenblick aufhört, ganzer und wirklicher Mensch zu sein. *Ähnlich* »ist« Christus im Armen, ohne dass der Arme für uns aufhören würde, vor allem unser menschlicher Nächster zu sein: Wenn wir aufhören würden, vor lauter Frömmigkeit vor allem *menschlich solidarisch* mit dem Armen zu sein, und er nur »zum Gegenstand« unserer karitativen Fürsorge als einer »verdienstvollen Tat« werden würde und sein Menschsein für uns nur wie ein durchsichtiges Glas wäre, durch das hindurch wir auf Christus schauen und *nicht mehr auf diesen konkreten Menschen*, so wäre dies der Art nach gleichbedeutend mit der »Irrlehre des *Doketismus*«[3]. Jesus bewacht eifersüchtig seine Anonymität (die Anonymität seiner Anwesenheit in den Armen und Bedürftigen) nicht, weil er am Versteckspiel Gefallen gefunden hätte, sondern um dem tatkräftigen *Humanismus und der menschlichen Solidarität* von Christen und allen anderen Raum zu geben. Erinnern wir uns daran, dass in der erwähnten Szene aus dem Matthäusevangelium gar nicht klar ist, ob jene Gerechten und Gerechtfertigten beim *Jüngsten Gericht* Christen sind.

Das Menschsein des Armen und seine Not, das, vor dem viele das Gesicht abwenden, die Augen verschließen und sich die Nase zustopfen, darf für uns nicht etwas sein, was wir nicht wahrnehmen und übersehen – und zwar auch nicht derart, dass wir »durch sie« schauen würden; das Menschsein des Armen darf für uns nichts Unsichtbares oder »Durchsichtiges« sein. Der Arme steht vor uns in der ganzen Dringlichkeit seiner Konkretheit. (Als der der Häresie verdächtigte Pascal eine gewisse Zeit das Sakrament des Leibes Christi nicht empfangen durfte, nahm er sich einen kranken Armen mit nach Hause und sorgte für ihn – und dieser Arme war für ihn die »Eucharistie«, der mystische Leib Christi.)

Wenn wir lernen, Bettlern eine Münze zu geben und Armen Brot oder Arbeit oder noch besser eine helfende Hand, *so, dass wir sie nicht erniedrigen*, öffnen wir ihnen erst dadurch die Zukunft und geben ihnen ihre Würde zurück; nur so gelangt durch uns in die Dunkelheit der Hoffnungslosigkeit des Elends ein Strahl der Hoffnung; jener Hoffnung, die in der dunklen Falle der Not keinen geringeren Wert hat als das Brot. Jeder Mensch braucht die Hoffnung zum Leben, der Mensch in großer Not braucht sie jedoch so dringend wie ein Erstickender einen Lufthauch. Geben wir daher nicht eine Schlange statt eines Fisches.[4]

Anmerkungen

[1] Vgl. Mt 25,31–46.

[2] Mit dem Akzent darauf, dass es um eine Metapher geht und nicht um eine strikte dogmatische Behauptung und dass *analog* »ähnlich« und nicht »gleich« bedeutet.

[3] *Der Doketismus* ist eine der von der Kirche feierlich verurteilten Häresien des frühen Christentums. Diese Irrlehre hielt das Menschsein Christi nicht für real. Sein Menschsein sei dieser Theorie nach nur eine »Verkleidung« seines Gottseins, also bloßer Schein.

[4] Vgl. Lk 11,11.

8. Der Gang auf dem Wasser

Im vorangegangenen Kapitel haben wir unter anderem über die Armut als eines der Ordensgelübde gesprochen; verweilen wir noch einen Augenblick beim Phänomen des Gelübdes als eines Versprechens. Ist denn nicht die Hoffnung, das Hauptthema dieses Buches, die »Biosphäre« jedes ernst gemeinten Versprechens?

Ich war häufig zugegen, als Priester- oder Ordensgelübde abgelegt oder erneuert wurden (oftmals in der dramatischen Umgebung der »Illegalität« in den Zeiten der »Untergrundkirche« in der ČSSR), ich bin als trauender Priester häufig Zeuge des Versprechens, das sich Braut und Bräutigam »vor Gott, vor der Kirche und vor der versammelten Gemeinde« geben, und in den letzten Jahren nehme ich als Promotor bei Promotionen an der Universität den Eid der neuen Magister und Doktoren der Philosophie entgegen. Ich habe also wirklich schon viele Versprechen aus nächster Nähe gehört, trotzdem ist mir dieser besondere Akt nie zu etwas Alltäglichem geworden. Die Fähigkeit, ein Versprechen zu geben, ist ein letztendlich nicht unbedeutendes Charakteristikum, das den Menschen von den übrigen Lebewesen unterscheidet; es ist eine Manifestation des Geschenks der Freiheit und der Möglichkeit, über dieses Geschenk frei zu verfügen.

Es ist ein Ausdruck unseres spezifisch menschlichen Seins in der Zeit: Uns steht nicht nur die Gegenwart zur

Verfügung, sondern wir können uns aufgrund unseres Wissens bzw. Unwissens auch auf die geheimnisvolle Dimension der Zukunft beziehen. Was wir über die Zukunft zumindest wissen, ist die Tatsache, dass wir auf sie elementar angewiesen sind und dass wir uns ihrer nicht »bemächtigen« können, nicht einmal mit Hilfe unserer größten Macht und unserem größten Stolz: mit unserem Wissen. Wir wissen nicht, wie unsere Zukunft aussehen wird. Wir wissen nicht einmal, wie lange die Zukunft für uns andauern wird; dennoch sind wir in der Lage, in jenes Meer der Zukunft den Anker unseres Versprechens zu werfen.

Nüchtern betrachtet, ist es eine sehr riskante und mutige Tat, *im Unbekannten zu ankern*. Der Mut, den man braucht, diese Tat zu vollbringen, wird Hoffnung genannt.

Wenn diese Tat unüberlegt und überstürzt geschieht, dann handelt es sich allerdings nicht um Mut, sondern um Unvernunft; wenn sie leichtsinnig oder oberflächlich getan wird, ohne den Ernst, den ein Versprechen erfordert, ist sie Ausdruck von Unverantwortlichkeit und eines schlechten Charakters, von Unreife oder Zynismus.

Ein Versprechen sagt über einen Menschen mehr aus, als der Mensch in der Regel annimmt, es ist immer eine Prüfung seiner menschlichen Qualität. Ein Versprechen abzulegen bedeutet, »sich mit sich selbst in ein paar Jahren zu verabreden«, schrieb Chesterton. Selten läuft dann ein derartiges Treffen mit sich selbst, wenn es denn ernst genommen wird, nach diesen vielen Jahren ohne Überraschungen ab; im Falle eines Menschen, der die Prüfung eines Treue-Versprechens nicht bestanden hat, jener Prüfung des Charakters, die jedes Versprechen darstellt, kann eine solche Begegnung sehr frustrierend sein.

Eine solche Begegnung mit sich selbst kann aber auch die Gelegenheit dazu sein, die Festigkeit und Authentizität unserer Hoffnung zu überprüfen. War jener Anker, mit dem das Versprechen in den vom Nebel verdeckten Meeresspiegel der Zukunft geworfen wurde, wirklich die Hoffnung, oder war es nur Illusion, ein allzu menschlicher Wunsch, naive Unreife, oberflächlicher Optimismus, Angeberei, gedankenlose Überstürztheit, »vermessenes Sich-Verlassen«?

Gerade im Fall eines Versprechens wird deutlich, dass die Hoffnung den Charakter einer *Beziehung* besitzt. Bei Versprechen mit religiösem Kontext ist immer Gott in die Verpflichtung mit einbezogen, denn die Formel des Versprechens beinhaltet das Bekenntnis zur Hoffnung und zum Vertrauen auf die Treue und die Hilfe Gottes: »So wahr mir Gott helfe.« Beziehungsweise: »Willst du ...?« – »Ich will es, mit Gottes Hilfe!«[1]

Die Berufung auf Gott und seine Hilfe ist allerdings keine schlaue oder magische Absicherung; denn nicht einmal Gott nimmt uns die Verantwortung für den Schritt ab, den wir mit unserem Versprechen tun. Sie ist jedoch ein demütiges Bekenntnis dazu, dass wir hier etwas tun, was tatsächlich unsere Kräfte übersteigt; denn die Zukunft transzendiert radikal unser »Kraftfeld«, unseren Einflussbereich. Deshalb gehören, wie schon mehrfach gesagt wurde, Gott und die Zukunft untrennbar zueinander; die Zukunft ist nicht nur eine Metapher für Gott und das Bild seiner Unfassbarkeit, sondern *Gott ist unsere Zukunft*; er ist im Unterschied zu uns ihr Herr, wir dagegen »haben« unsere Zukunft allein in der Hoffnung, im Modus der Hoffnung. Wir haben sie und haben sie nicht, genau so, wie wir Gott haben und nicht haben. *Gott ist unsere Hoffnung*, nicht unser »Besitz«.

Wenn wir durch ein Versprechen in den Bereich der Zukunft eintreten, betreten wir ein Territorium, das nicht uns gehört, sondern Territorium Gottes ist; aber gerade deswegen ist es uns dennoch nicht »fremd«, obwohl es nicht unser eigenes ist. Das legitimiert unsere Hoffnung, das erhebt den Mut unserer Versprechen über den Dunst der Illusionen und Torheiten: das Vertrauen auf Gott, der Glaube an seine Liebe und Treue. Das Vertrauen, dass wir in der Zukunft in diesem Haus Gottes keine verlorenen und orientierungslosen Fremden sein werden, dass wir uns vor der Zukunft nicht fürchten müssen. Und dennoch ist es ratsam, die Schwelle des väterlichen Hauses mit Respekt und Ehrfurcht zu überschreiten.

Wenn ein Versprechen, insbesondere ein lebenslanges Versprechen, kein Akt des Gottesglaubens ist, ist es blanker Wahnsinn. »Ewige Gelübde« (wie Ordensgelübde, Weihe- oder Eheversprechen) abzulegen bedeutet nicht, »sich mit sich selbst in ein paar Jahren zu verabreden«, sondern bedeutet eine persönliche Verabredung mit dem Herrn beim Jüngsten Gericht; das ist ein verhältnismäßig mutiger Schritt. Es wäre absolut kühn und vermessen, wenn sich der Mensch dabei nicht auf Gott verlassen würde; es wäre anmaßend und dreist, wenn er sich derart auf ihn verlassen würde, dass er nicht selbst alle seine Kräfte und Fähigkeiten, die ihm geschenkt wurden, einsetzen würde, um sein Versprechen zu erfüllen.

Wir sind hier wieder am Kern der Frage angelangt: Die Hoffnung ist eine gott-menschliche Wirklichkeit, ein Ort der Begegnung von Gott und dem Menschen, ein Geschenk Gottes und die Manifestation der menschlichen Offenheit, der menschlichen Freiheit, des Mutes zu vertrauen. Das Versprechen ist dann Ausdruck der Hoffnung, dass die göttliche und die menschliche Treue in der konkreten Sache gemeinsam ans Ziel gelangen werden, ob in Zeit oder Ewigkeit. Es offenbart sich in ihm die Größe und die Zerbrechlichkeit der menschlichen Freiheit: Der Mensch manifestiert im Akt des Versprechens seine Freiheit und bringt gleichzeitig – indem er auf die Hoffnung auf Gottes Hilfe verweist – seine Demut und Weisheit zum Ausdruck, die zur Erkenntnis der eigenen Grenzen führen.

***

Wenn ich Zeuge eines bedeutsamen Versprechens bin, vergegenwärtige ich mir immer die Evangelienszene des Gangs auf dem Wasser.[2] Die Apostel sehen vom Schiff aus etwas, das in ihnen sowohl Angst als auch Hoffnung weckt; die Angst angesichts des Unbekannten ist zugleich stets die Angst vor der Erscheinung selbst (der Vernunft wird schwindelig von dem, was ihr Verständnis übersteigt) sowie die Angst davor, dass sich der Mensch blamieren könnte, wenn er entweder seine Furcht zeigt oder sich seine Hoffnung als falsch erweist. Ist es der Herr oder ist es ein Phantom? (Wie viele Male im Laufe der Jahrtausende tauchte im Gemüt der Gläubigen bei den verschiedensten Gelegenheiten eine ähnliche Frage auf!)

Petrus löst das Dilemma, indem er Mut zum Experiment zeigt: Wenn du es bist, so befiehl, dass ich auf dem Wasser zu dir komme! Und Jesus nimmt diese Aufforderung an: Komm! Und Petrus tut das, was die wundersame Erfahrung jedes wirklichen Glaubensaktes ist: *Er betritt den Bereich des Unmöglichen.*[3]

Das ist jedoch nur dann möglich, wenn seine Augen auf Christus gerichtet sind. Wenn seine Angst über den Mut seines Vertrauens siegt, wenn er Christus aus den Augen verliert und beginnt, auf sich und unter sich zu schauen, ist er schon dabei, im Sog der Angst zu ertrinken. Da ruft er erneut zu Jesus und wird erneut gerettet.

Hier wird symbolisch die ganze Glaubensgeschichte des Petrus geschildert: Jedes Mal, wenn er den Mut aufgebracht hat, kommt der Fall, nach dem Fall aber die erneute Befreiung. »Du bist Christus, der Sohn des lebendigen Gottes!« Durch dieses Bekenntnis wird Petrus zum Felsen der Kirche. Aber schon einen Augenblick später zeigt er derart seine Kleingläubigkeit, dass er sich die härtesten Worte verdient, die Jesus je zu jemandem gesagt hat: »Weg mit dir, Satan!« Beim letzten Abendmahl brüstet sich Petrus: »Und wenn alle an dir Anstoß nehmen würden – ich niemals!« »Ich bin bereit, mit dir sogar in den Tod zu gehen!« Und bevor der Hahn krähte, verleugnet er ihn dreimal feige vor einer einfachen Dienerin des Hohepriesters. Aber dann wäscht er seine Schuld durch sein bitterliches Weinen wieder ab, und die dreimalige Verleugnung durch das dreifache Bekenntnis seiner Liebe: »Herr, du weißt alles, du weißt, dass ich dich liebhabe.«

Der Weg des Glaubens, der Liebe und der Hoffnung ist ein »Gang auf dem Wasser«. Der Tertullian zugeschriebene bekannte Satz »Credo, quia absurdum – Ich glaube, weil es unvernünftig ist!« muss nicht als die absurde Aussage eines Fanatikers gelesen werden, der die Gabe der Vernunft verrät. Durch den Glauben, aber auch durch die Liebe und die Hoffnung treten wir immer in einen Raum ein, der »von außen«, also für denjenigen, der sich nicht für den Glauben, für die Liebe und die Hoffnung entscheiden kann, notwendigerweise als absurd erscheinen muss, als ein Reich der Unvernunft und des Unmöglichen. Für viele, die es bevorzugen, im Boot sitzen zu bleiben, wird Jesus immer als Phantom erscheinen und das Evangelium als ein großes Fantasiegebilde.

Hans Jonas behauptete, dass eine der großen Paradoxien des Glaubens darin besteht, dass *wir Gottes Wort erst dann hören können, wenn wir beginnen, darauf zu antworten.*

Wir müssen uns in der Regel nicht dazu entschließen, das Ufer der bisherigen Sicherheiten zu verlassen und das Meer des Glaubens, der Liebe und der Hoffnung zu betreten. Häufig stellen wir nämlich fest, dass wir uns bereits auf ihm befinden; dies ist ganz ähnlich der Tatsache, dass sich der Mensch nicht entschließen muss, ob er sich verliebt oder nicht, sondern eines Tages mit Verwunderung feststellt, dass er verliebt ist. Der Mensch stellt fest, dass er glaubt; jetzt geht es darum, dass ihn diese überraschende

Feststellung nicht mit einer derartigen Angst um sich selbst erfüllt, dass es ihm wie Petrus auf dem See ergeht.

Aber selbst wenn er beginnt, vor lauter Angst zu ertrinken, kann er nach Rettung rufen; häufig ist dies dann sein erstes bewusstes Gebet überhaupt. Und dann, wenn er vor lauter Angst keinen allzu großen Lärm in sich und um sich herum erzeugt, kann er die rettenden Worte vernehmen: »Du Kleingläubiger, warum hast du gezweifelt?«

Anmerkungen

[1] Bei der Ablegung der Gelübde in manchen Orden sagt der Versprechende dem Vorgesetzten und der versammelten Kommunität: »Ich will es, mit Gottes und mit Eurer Hilfe!« Der Vorgesetzte und die Kommunität werden so im gewissen Sinne Mittragende dessen, wozu er sich verpflichtet hat.

[2] Vgl. Mt 14,24–32.

[3] Das Motiv des »Unmöglichen« und des »Unvorstellbaren« in der postmodernen Philosophie, insbesondere bei Derrida, Foucault und Lyotard, ist für die gegenwärtige angelsächsische Theologie unheimlich inspirierend geworden; ich habe mich ihm auch in meinem Buch »Nachtgedanken eines Beichtvaters« (deutsche Ausgabe 2012) gewidmet.

9. Der Kampf am Ufer der Hoffnung

Eine der kostbarsten Früchte der Hoffnung ist die Vergebung. Im Akt der Vergebung feiert die Zukunft den Sieg über die Vergangenheit. In der Vergebung befreit die Hoffnung die Vergangenheit von ihrer Last und öffnet das Tor zur Zukunft.

Kommen wir nochmals zur Weisheit zurück, die in den Sprachen verborgen ist. Die Sprache hat die Begriffe Schuld (im moralischen Sinn) und Verschuldung in einem und demselben Wort verbunden (debitum u.Ä.). Der Mensch ist in gewissem Sinne schon allein dadurch »verschuldet«, dass er lebt. Denn wir haben uns nicht uns selbst gegeben, unser Leben (selbst die Tatsache, dass wir geboren wurden und leben) ist nicht unser Erzeugnis, nicht unsere Leistung, nicht unser Verdienst.

Zur *Schuld* wird diese »Schuld« jedoch erst in dem Augenblick, wenn sich das Geschenk des Lebens von seinem Stifter »emanzipiert« und sich ihm entgegenstellt. Dies ist vielleicht der Hauptsinn der Lehre von der »Ursünde«, jener tiefen theologischen Reflexion über die mythische Schilderung des Dramas im Paradies zu Beginn des Buches Genesis. Diese Lehre interpretiert jenes geheimnisvolle »Ereignis« an der Schwelle von Zeitlosigkeit und Zeit, von Mythos und Geschichte, das die Last und die Ambivalenz der Freiheit offenbart, die das Geschenk des Lebens als Mitgift gleichzeitig als anspruchsvolle Aufgabe begleitet. Zum Wesen der Freiheit gehört nämlich die Möglichkeit ihres tragischen Missbrauchs. Jede einzelne menschliche Sünde ist dann die »Ratifizierung« dieser Ursünde: Die Geschichte des Bösen ist vor allem die Geschichte immer neuer Erfindungen in der Kunst, *das Geschenk der Freiheit zu missbrauchen.* Die Geschichte der Sünde ist die Geschichte eines Scheiterns in der wichtigsten Aufgabe des Lebens, die darin besteht, das Geschenk der Freiheit damit zu füllen, dass man Gutes tut. Jede Sünde erhöht so die »Verschuldung« des Lebens.

Der Mensch findet sich zwangsläufig in der Welt und ihrer Geschichte wieder (er ist in sie »geworfen«, würde Heidegger sagen) und trägt die Vergangenheit stets mit sich – und zwar nicht nur seine eigene, persönliche Vergangenheit. Die Geschichte, die wir mit uns herumschleppen, ist durch die Last der Schuld gekennzeichnet, und wenn wir im Laufe unseres Lebens immer weiter Schuld, Sünden und Unterlassungen anhäufen, kann die Vergangenheit für uns zu einer solch schweren Bürde werden, dass sie unseren Weg in der Gegenwart lähmt und die Zukunft überschattet. Das Leben »steht und fällt« aber, wie wir bereits gezeigt haben, mit unserer Offenheit gegenüber der Zukunft (deswegen ist »Zukunft« auch eine so geeignete Metapher für Gott); ein Mensch ohne Zukunft ist tot. Die Schuld, die den Menschen in die Vergangenheit zieht, »betäubt« den Menschen: Deswegen gibt es in der Bibel unzählige Stellen, an denen die Sünde mit dem Tod verglichen wird.

Die Hoffnung ist wie der Spalt, durch den die Zukunft einen Strahl ihres Lichtes in die Gegenwart wirft. Gleichzeitig ermöglicht uns die Hoffnung, unsere Vergangenheit »in einem anderen Licht« zu sehen. Deshalb ist sie insbesondere in den finsteren Momenten des Lebens so notwendig, vor allem dann, wenn aus der Vergangenheit der Schatten einer Schuld auf die Gegenwart gefallen ist. Die Hoffnung ist der Spalt, durch den wir auch in den bedrückendsten Momenten der Gegenwart einen Hauch von Zukunft einatmen können und ohne den wir in manchen Situationen wohl ersticken würden.

Die Hoffnung gibt die Kraft zu jener Wende von der Vergangenheit zur Zukunft, die in der Vergebung besteht. Wenn die Sünde der Tod ist, dann ist die Vergebung die Auferstehung.

***

Absichtlich unterscheide ich hier nicht zwischen »Vergebung gewähren«, »vergeben« und »Vergebung annehmen«. Jesus erinnert uns im Vaterunser und in den Worten, die die Gabe dieses Gebets begleiten, eindringlich daran, dass uns nur in jenem Maß vergeben werden kann, in dem auch wir unseren Schuldnern vergeben. Die Schrift lehrt uns, dass wir nicht nur deswegen vergeben *sollen*, weil uns selbst vergeben wurde, sondern dass wir überhaupt nur deshalb vergeben *können*, weil uns vergeben wurde. Die Vergebung ist eine göttliche Kunst, wir lernen sie von Gott, aus uns selbst heraus wären wir nie dazu in der Lage.

Wir selbst wären höchstens in der Lage, zum Grundsatz der Gerechtigkeit zu gelangen: »Auge um Auge, Zahn um

Zahn«, »Wie du mir, so ich dir« – vergeben aber bedeutet darüber hinaus einen radikalen Schritt mehr zu tun: *Wie Gott mir, so ich dir.* Eine Vergebung ist ein »Wunder« – wir überschreiten mit ihm die strenge Logik »dieser Welt« und ihrer Kalküle und betreten das Territorium des Königreichs Gottes; in jedem Akt einer wirklichen Vergebung bricht durch die Wolken der menschlichen Bosheit hindurch von oben herab ein Strahl der Hoffnung. Jede Vergebung, mit der wir dem Willen Gottes zur Versöhnung Vorrang geben vor unserem eigenen Willen zur Macht und zur Rache, ist ein kleiner Schritt dahin, dass sich die Worte erfüllen »wie im Himmel, so auf Erden«.

Wenn ich bei der Feier des Sakramentes der Versöhnung einem aufrichtig bereuenden Menschen das Zeichen der Vergebung Gottes erteile (und ebenso wenn ich es selbst als der Bereuende im Sakrament empfange), habe ich oft das Gefühl, dass ich tatsächlich bei einem Wunder zugegen bin, bei einem außergewöhnlicheren Wunder als es diejenigen sind, nach denen sich die menschliche Sensationsgier sehnt; dass dies tatsächlich ein ähnlich mächtiges Zeichen ist wie die Taufe und die Eucharistie und die übrigen Sakramente der Kirche. Auch wenn mir klar ist, dass die göttliche Barmherzigkeit auch auf vielen anderen Wegen in das menschliche Leben eintreten kann, tut es mir aufrichtig leid, dass – wohl auch verschuldet durch die nicht würdevolle, mechanische Weise, mit der dieses Sakrament in der Kirche oftmals gespendet wurde und bisweilen immer noch gespendet wird – auch viele Christen dem Eindruck verfallen konnten, dass es sich hier nur um eine gewisse vorwissenschaftliche Form der Psychotherapie handele, um eine peinliche Formalität oder sogar um Magie. Auch wenn ich nicht denke, dass die Welt einfach dadurch geheilt würde, wenn sich vor den Beichtstühlen der katholischen Kirchen wieder Schlangen bildeten, so scheint es mir, dass die Christen alle Möglichkeiten pflegen und mehren sollten, mit denen sie in der heutigen Welt Jesus nachahmen können; dass sie in einer Welt, die so sehr dazu tendiert, Menschen zu steinigen, demjenigen zu folgen versuchen, der der Gier der Gerechten nach dem Blut der Sünderin Einhalt gebot und ihr eine neue Zukunft eröffnete: »Auch ich verurteile dich nicht. Geh und sündige nicht mehr.«

***

Eine der schlimmsten Eigenschaften der Sünde ist, dass sie den Menschen so blind machen kann, dass für ihn die Sünde unsichtbar und undurchschaubar wird. »Wie kann denn ein Mensch überhaupt schuldig sein?« – mit dieser Frage von Josef K. im »Prozess« spricht Franz Kafka nicht nur eine der typischen Fragen des modernen Menschen aus, sondern er zeigt auch die Tragik seiner Situation auf: Von der Leugnung der Schuld führt der Weg zur Leugnung der Verantwortung, und von der Leugnung der Verantwortung zum Verlust der Freiheit. Der naiv »Unschuldige« kehrt nicht ins Paradies zurück, sondern fällt aus dem Menschsein heraus ins Reich der Tiere und Gegenstände.

Diese gefährliche Tarnung der Sünde wird erst im Augenblick der Vergebung offengelegt. Erst im Augenblick der Vergebung ist der Schuldige eigentlich in der Lage, seine Sünde zu *erkennen*, weil er erst im Prozess der Buße, durch die Reue, durch das Bekenntnis und durch die Annahme der Vergebung jenen Abstand gewinnen kann, der es ihm ermöglicht, die Sünde bei Tageslicht zu sehen und sich von ihr zu befreien, aus der Fallgrube der Vergangenheit in den neueröffneten Raum der Zukunft herauszutreten. Eine nicht geheilte Sünde ist daher wirklich eine *finstere* Angelegenheit.

Eine der größten Paradoxien des Glaubens ist – um nochmals die Worte von Hans Jonas zu zitieren –, dass der Mensch den Ruf Gottes erst dann hören wird, wenn er beginnt, darauf zu antworten. Das gilt analog auch für die Schuld. Erst, wenn ein Mensch durch die Buße beginnt, sich mit dem Schatten seiner Vergangenheit zu konfrontieren, erhält er so viel Licht, dass er sich selbst als einen Schuldigen sehen kann. Erst dann kann er seine wahre Identität entdecken, sich selbst wie Adam in seiner ganzen Nacktheit sehen, unbedeckt von den Feigenblättern der Ausreden, Illusionen und Selbstrechtfertigungen. Dass er dies erst jetzt sehen kann, ist zugleich auch barmherzig: Hätte er sich schon so sehen können, bevor er das Unterpfand der Hoffnung auf Vergebung und Heilung erhalten hätte, wäre er wahrscheinlich nicht fähig gewesen, den Blick auf sich selbst zu ertragen.

In diesem Moment ist dann aber bereits das Gewand einer neuen Identität vorbereitet. Als der verlorene Sohn aus dem Gleichnis Jesu in der Lage ist, sein Elend wahrzunehmen und anzuerkennen, ruft schon der Vater, noch bevor der Sohn sein Bekenntnis zu Ende stottern kann: »Holt schnell das beste Gewand!« Wenn es – wie wir noch sehen werden – Jakob im nächtlichen Kampf mit dem Engel schafft, endlich seinen Namen zu nennen und seine Identität zu finden: »Ich bin Jakob« (denn seine Schuld bestand darin, dass er lügnerisch behauptet hatte: »Ich bin Esau«), bekommt er seinen neuen Namen »Israel«.

Wenn ich als Priester taufe und vor der Taufe »befreie ihn/sie aus der Schuld, die von Beginn an das Menschengeschlecht bedrückt« bete und gemäß der Tradition den Täufling auffordere, dem Bösen zu widersagen, habe ich das Gefühl, dass dadurch dem Katechumenen die Chance gegeben wird, zu begreifen: »Ich bin Adam« – und gleich danach (aber erst danach) bekommt er oder bekommt sie bei der Taufe den Taufnamen, seine oder ihre neue Identität.

* * *

Die Erzählung über den geheimnisvollen Kampf Jakobs am Ufer des Flusses Jabbok[1] hat zu Recht eine große Anzahl verschiedenartiger Auslegungen provoziert, und es werden ohne Zweifel noch weitere hinzukommen. Konzentrieren wir uns hier aber nur auf einen Aspekt der Erzählung.

Ein merkwürdiger Kampf spielt sich (vielleicht nur im Traum, das ist jedoch nicht das Entscheidende) in der Nacht vor der schicksalhaften Begegnung Jakobs mit seinem Bruder Esau ab. An einem Ufer steht schon das Lager Jakobs, zum anderen Ufer zieht Esau mit seinen bewaffneten Helfern. Der alte Streit, der durch die Schuld

Jakobs losgetreten wurde, durch seine Lüge und durch das Erschleichen des väterlichen Segens (der Name Jakob bedeutet wörtlich »hinterlistig«, »verschlagen«, ja sogar »verlogen«), soll durch einen mörderischen Kampf zwischen den Brüdern gelöst werden. Eine Unmenge solcher Kämpfe kennt die Bibel seit der Auseinandersetzung Kains und Abels und die weitere Geschichte der Menschheit noch weitaus mehr davon.

Jakob hat Angst. Ein Kommentar im Talmud legt die Wendung »Jakob wurde angst und bange« so aus, dass Jakob *Angst* um sich selbst hatte, dass er getötet werden könnte, und zugleich *bangt* er um den Bruder, dass er ihn selbst im Kampf töten könne.

Während der Nacht jedoch geschah etwas, das es Jakob ermöglichen wird, am anderen Tag nicht als Feind, Konkurrent oder neidischer Rivale dem Bruder gegenüberzutreten (das alles hatte er schon probiert und es führte zu nichts Gutem), sondern als Reuender, mit der Bitte um Vergebung, mit der Hoffnung auf eine Versöhnung.

In jener Nacht (möglicherweise in einem Traum – dem in der Bibel häufig privilegierten Ort der Gotteserscheinung) kommt zu Jakob ein geheimnisvoller Besucher. Er greift ihn ohne ersichtlichen Grund an, er kämpft mit ihm. Und Jakob begreift, paradoxerweise erst in dem Augenblick, als er nicht kapituliert, als er nicht aufgibt, als er hart kämpft, und sogar erst dann, als *er siegt*, dass sein »Gegner« mächtiger ist als er – mehr noch, dass es der »Allmächtige« ist. Und er will den Segen von ihm. Er bittet nicht darum – das kann er noch nicht – er erzwingt ihn mit Kraft: »Ich lasse dich nicht los, wenn du mich nicht segnest!«.

Jakob will den Segen, aber der »Geheimnisvolle« will auch etwas, er stellt eine Bedingung; das, was er von Jakob fordert, ist dessen Name. Jakob kann sich dieses Mal den Segen nicht *mit einer Lüge* erschleichen, dadurch, dass er sich für jemand anderen ausgibt, als er ist. Er kann den Segen nur als derjenige bekommen, der er ist und wie er ist: Er ist Jakob – der Hinterlistige.

Wenn er sagt: »Ich bin Jakob«, bekennt er die Wahrheit über sich und auch seine Schuld. Seine Schuld besteht darin, dass er sein ganzes Leben lang *jemand anderes sein wollte*, dass er seinen Bruder beneidete und sein Bruder sein wollte, dass er seinen Bruder nicht nur um den Segen, sondern auch um seine Identität berauben und sich ihrer bemächtigen wollte. Nicht nur in dem Moment, als er seinen Vater anlog, sagte er: »Ich bin Esau«. Er hatte auf diese Weise sich selbst lange Zeit angelogen. Wenn er jetzt sagt: »Ich bin Jakob«, lässt er Esau Esau sein, er kann ihm als seinem Bruder begegnen, nicht als dem Phantom, von dem er sich dauerhaft bedroht fühlt und demgegenüber er sich dadurch erwehren muss, dass er sich in der Illusion, mit Phantasie und auch mittels Betrug in dessen Haut versetzt. Sein Bruder war bisher der Schatten, der andauernd auf sein eigenes Glück fiel, und er war ständig »der Schatten seines Bruders«.

Jetzt tritt aus dem Schatten irgendjemand hervor, der anfangs ebenfalls als Feind erscheint, sich aber bis zum Anbruch der Morgenröte als Segenspender erweist. Und der

Segen, den sich Jakob erkämpft, ist seine neue Identität, sein neuer Name, der gleichzeitig eine Anerkennung darstellt: *Du hast gewonnen.* Israel ist nicht nur derjenige, der kämpft (der »fürstlich mit Gott und Menschen streitet«), sondern vor allem derjenige, *der gewonnen hat.*

Derjenige, der vor Angst um sich selbst und vor sich selbst nicht in der Lage war, er selbst zu sein, kann sich vergewissern, dass seine Angst unbegründet ist. Und dass er begriffen hat, welche Würde er sich erkämpfte, beweist er dadurch, dass er am Morgen seinem Bruder demütig entgegentreten kann. Die Demut seiner Bitte um Vergebung ist keine Schwäche, sondern Stärke. Dadurch, dass er »mit Gott kämpfte«, erreichte er den größtmöglichen Sieg (einen noch größeren, als es der »Sieg über Gott« darstellte) – *er überwand sich selbst.*

Darin besteht die Hoffnung: Wenn der Mensch sich selbst überwindet, wenn er zur Demut heranreift und die Kraft bekommt, um Vergebung zu bitten, oder die Kraft, zu verzeihen, überwindet er dadurch die finstere, böse Kraft und Last der Vergangenheit, wirft die Fesseln der Schuld ab und ist für die Zukunft befreit.

* * *

Wollte man die dramatische Erzählung über den Kampf Jakobs in die Sprache der Moral und der Psychologie übersetzen (was ein Schritt ist, vor dem ich eher warnen würde, und wir werden ihn hier auch nur versuchsweise und nur einen Moment lang unternehmen), könnte man sie als den *Kampf des Gewissens* deuten.

Gott, der versprochen hat, »Ich werde mit dir sein«, ist oft als die Stimme mit uns, die unser Wissen als Gewissen (con-scientia, con-science) begleitet. Ein »schlechtes Gewissen« enthält ein »schlechtes« Sehen Gottes in sich: Gott wird als Feind erfahren, als finsterer Dämon, der uns angreift und zum Kampf auffordert. Nicht in die Lüge feiger Ausreden ausweichen, sondern in den Kampf eintreten, die Wunden erdulden, kämpfen – das kann uns helfen, hinter der Maske des Dämons den Helfer zu erkennen, den Befreier aus der Lüge: gleichzeitig seine und die eigene wahre Identität zu erkennen und eine neue Identität zu erreichen.

Und der Prüfstein, ob wir diesen Kampf wirklich gewonnen haben (ob auch wir aus dem »Verlogenen« zum »Israel« werden), ist das Maß unserer Demut. Zu vergeben, der Hoffnung Raum zu geben, erfordert den Mut und die Großzügigkeit der Liebe; um Vergebung zu bitten und Vergebung anzunehmen (wissen, dass wir aus der Vergebung leben), setzt Demut voraus – den Mut zur Wahrheit.

»Wo ist der Ort in mir, wohin ich dich einladen kann?«, fragt der heilige Augustinus Gott in dem berühmten Gebet zu Beginn seiner »Bekenntnisse«. Man könnte sagen, dass dies die Schlüsselfrage aller Frömmigkeit ist – Augustinus war ein Meister darin, gute Fragen zu stellen. Im Licht der Erzählung, über die wir meditiert haben, könnten wir sagen: in der Demut. In der Demut, die es ermöglicht, zu vergeben und Vergebung anzunehmen: nicht siebenmal, auch nicht nur siebenundsiebzigmal, sondern immer, immer wieder. Durch kein anderes Türchen kann der Gott der Hoffnung (Gott als unsere Hoffnung und unsere Zukunft) bei uns eintreten.

Anmerkung

[1] Vgl. Gen 32,23–33.

10. Hat der Regen einen Vater?

Ich habe in meinem Leben viele schöne Bücher, viele erschreckende Bücher (beunruhigende, schreckenerregende) und viele tiefgründige Bücher gelesen; aber ich habe niemals ein Buch gelesen, das gleichzeitig so schön, so erschreckend und so tiefgründig ist wie das Buch Ijob. Es ist das schwerste, aber vielleicht auch das kostbarste Buch der ganzen Bibel.

Wenn die Bibel nichts außer dem Buch Ijob beinhalten würde, wäre sie für mich dennoch das Buch der Bücher (und ich sage dies in dem klaren Bewusstsein, dass in diesem Fall die Bibel wirklich ein entsetzliches Buch wäre); sie wäre für mich dennoch jenes Wort Gottes, das mir mehr Licht bringt als alle heiligen Schriften der religiösen Geschichte, die ich während meines Lebens kennen gelernt habe. Es ist dies jedoch ein eigenartiges und seltsames Licht: Es blendet eher, als dass es beleuchtet; das ganze Buch überflutet den Leser mit Fragen, statt mit Antworten zu beruhigen, es beunruhigt eher mit dem Abgrund des Geheimnisses, als dass es auf den Felsen der Sicherheit bauen würde. Das Buch Ijob stellt den Menschen vor die Absurdität des Bösen, und gleichzeitig untergräbt es alle klassischen religiösen Bemühungen, den Schwindel der Vernunft mit rationalisierenden frommen Theorien zu lindern.

Jedes Mal wenn ich nach einer gewissen Zeit wieder das Buch Ijob lese, bin ich überrascht und beschämt, wie oberflächlich und unzureichend mein vorheriges Begreifen dieses Textes war, was alles meiner Aufmerksamkeit entgangen ist. Ohne Zweifel wird es mir auch mit den hier angeführten Bemerkungen so gehen, wenn ich sie nach einer gewissen Zeit nochmals zur Hand nehme.

Dieses Buch hat die Form eines Theaterstücks, eines Dramas, in das man derart hineingezogen wird, dass man sich einen Moment lang in der Rolle Ijobs wähnt und sich nach einer Weile wiedererkennt in den Worten und Argumenten aus dem Munde der Freunde und Gegner Ijobs; nur die Rolle des Herrn ist so geheimnisvoll, dass man sie nicht übernehmen kann, sie ist von Menschen unspielbar. Manchmal geht es mir bei der Lektüre dieses Buches so, dass ich laut protestieren will, dass ich dagegen angehen will, was ich dort lese, und gegen den Gott protestieren möchte, von dem dort geschrieben wird; aber dann mache ich mir bewusst, dass *dieses Buch gerade davon handelt*: Es ist die Aufzeichnung eines Prozesses gegen Gott. Es ist das Protokoll eines Gerichtsprozesses eines Menschen gegen Gott, eines Streits, der einen überraschenden Verlauf und ein schockierendes, vieldeutiges und völlig unklares Ende nehmen wird.

Das ein wenig banale Happyend ganz am Ende des Buches soll es vielleicht jenen Lesern, die das Rätselhafte und die Provokationen im vorhergehenden Text nur schwer ertragen konnten, ermöglichen, sich überhaupt irgendwie mit dieser Geschichte abzufinden. Vielleicht soll es dabei helfen, den in Wirklichkeit nicht abgeschlossenen Prozess Ijobs mit Gott zu vergessen; helfen, sich leichter über die Abgründe des Textes hinwegzusetzen und das ganze Buch als ein moralisierendes Märchen darüber lesen zu können, dass ein guter Mensch, auch wenn er einer Prüfung unterzogen wird, schließlich doch seinen Verdiensten gemäß belohnt wird. In Wirklichkeit ist das ganze Buch jedoch eine Ablehnung dieses frommen Märchens über das Gute, welches belohnt werden *muss*; es lehrt, in einer Welt zu leben, in der dieses gerade nicht geschieht, *es lehrt, gleichzeitig mit dem Bösen und mit Gott zu leben*, es lehrt mit den Paradoxien und mit dem Geheimnis zu leben, ja auch mit dem größten Paradox und mit dem größten Geheimnis, das wir Gott nennen. Mit dem Geheimnis, über das wir – und das ist eine der wesentlichen Botschaften dieses Buches – so erschreckend wenig wissen!

* * *

Vor vielen Jahren wurde ich durch eine kleine Bemerkung darauf aufmerksam gemacht, dass es möglich sei, Kafkas »Prozess« als *Midrasch,* d. h. als Auslegung zum Buch Ijob zu lesen. Diese Kombination eröffnete mir sowohl eine neue Weise, das Buch Ijob zu lesen, als auch einen neuen Blick auf das Werk Franz Kafkas zu bekommen.[1] Genauer gesagt, sie verkomplizierte mir mein bisheriges Verständnis für diese beiden Bücher und zog meine naive Vorstellung in Zweifel, dass es möglich sei, sich über diese beiden Bücher überhaupt eine Meinung zu bilden, die nicht augenblicklich eine völlig entgegengesetzte, jedoch ebenso berechtigte Interpretation evozieren würde.

Ijob und Josef K. beharren beide auf ihrer Unschuld und versuchen verzweifelt, die Absurdität des Prozesses zu verstehen, der gegen sie geführt wird. Sie versuchen, »das schreckliche Missverständnis« aufzudecken, sich zu verteidigen und schließlich die ganze Causa zu drehen und das Gericht und den Richter anzuklagen: Denn alles wird auf den Kopf gestellt und »die Lüge wird zur Weltordnung gemacht«! Der Schlüsselsatz des »Prozesses« ist wahrscheinlich der Einwand von Josef K. gegen die vieldeutige Botschaft, die ihm in Form eines Gleichnisses vom einem Priester im Dom mitgeteilt wird; es ist die Frage von Josef K.: *Wie kann denn ein Mensch überhaupt schuldig sein?*[2]

Ist Josef K. wirklich unschuldig und kann der ganze »Prozess« als hellsichtige Voraussage der absurden Urteile und Hinrichtungen ohne Gerichtsprozess gelesen werden, denen kurze Zeit nach Kafkas Tod so viele Menschen (Kafkas Angehörige und Freunde eingeschlossen) aufgrund ihre Rasse oder Klasse ausgesetzt waren, obwohl sie sich selbst nichts zuschulden kommen ließen? Oder ist Josef K. wirklich schuldig – schuldig aufgrund seines oberflächlichen Lebens ohne einen tieferen Sinn, ohne Beziehung und Einsicht, ohne Liebe und Verantwortung? Ist er wegen dieser Oberflächlichkeit schuldig, die es ihm nicht einmal erlaubt, seine eigene Schuld zu durchschauen und zu verstehen? Oder ist das Ganze als Aussage über die Absurdität der Welt und des menschlichen Lebens zu interpretieren, das in seinem Wesen immer ein unlösbares Paradoxon ist, eine unleserliches Fragment mit schlimmem Ende? Oder macht der »Prozess« eine Aussage über den verborgenen und unzugänglichen Gott, über sein undurchdringliches heiliges Urteil, dessen erster Abschnitt – wie es einige Lehren der Kabbala schildern – sich auf der Erde abspielt, und zwar mittels der schlechten, ungerechten und unsittlichen Menschen, da Gott seine Eigenschaften in ihrem Gegenteil verbirgt?

Wie kann denn ein Mensch überhaupt schuldig sein? Ijob beharrt auf seiner Unschuld, und neunundneunzig von hundert Auslegungen übernehmen seine Version. Aber ist wirklich die ganze Geschichte nur eine Prüfung, in der der Gerechte letztendlich besteht, Gott seine brutale Wette mit dem Satan gewinnt und die Unschuld Ijobs feierlich anerkannt wird? Das würde jedoch bedeuten, dass sich Ijob selbst nicht verändert hat – das heißt: dass er auch *nichts gelernt hat.* Aber warum bekennt Ijob schließlich, dass er früher Gott nur vom Hörensagen kannte und er ihn jetzt aus der Nähe und wahrhaftig erfahren hat? Was hat er über Gott erfahren, was hat er über ihn gelernt? Hat er vielleicht gelernt, jene »unschuldige«, naive Sichtweise auf Gott abzulegen? Eine Sichtweise, gemäß der Gott nach unseren Vorstellungen von Gut und Böse, Gerechtigkeit und Ungerechtigkeit, Glück und Unglück funktionieren muss? Und besteht diese anspruchsvolle und durchaus erschreckende Botschaft des Buches Ijob nicht darin, dass *auch wir* uns dieses naiv fromme Bild von Gott und seinen vermeintlichen Pflichten uns gegenüber, diesen »moralischen Optimismus« abgewöhnen müssen, der uns so heilig ist – und aufzuzeigen, dass wir in Wirklichkeit vor der Wahl stehen, entweder Gott als Gesetz, als »Prinzip« –, oder eben als einen lebendigen Gott anzunehmen, als Geheimnis voll von Paradoxien?

Wenn wir darauf beharren, dass die Geschichte Ijobs eine Erzählung über eine *Prüfung* ist, dann sollten wir dabei nicht vergessen, dass eine Prüfung keine sinnlose Qual ist. Eine Prüfung ist ein wichtiger pädagogischer Akt, Bestandteil eines Studiums, Bestandteil des Lernens. Das Buch Ijob handelt von einem Prozess, der ein *Lern*-Prozess werden kann – wenn wir diesen Begriff, der der jüdischen Tradition so teuer ist, ernst nehmen.

Eine chassidische Geschichte erzählt von einem jungen Mann, der trotz des Widerstands seines Vaters, der ihn als Nachfolger in seinem Geschäft eingeplant hatte, zum Studieren bei den Rabbinern ging. Als der Student ein Jahr später in den Ferien zurück nach Hause kam, fragt ihn der Vater ironisch: »Also, was hast du in dem Jahr dort Schönes gelernt?« »Ich habe gelernt, dass der Herr, unser Gott, der Herr einzig ist.« Der Vater wendet sich mit derselben Ironie dem erstbesten Gehilfen hinter dem Tresen zu und fragt ihn: »Isaak, weißt du, dass unser Gott der einzige Herr ist?« »Natürlich«, antwortet, wie erwartet, Isaak. Aber der Student fängt empört an zu schreien: »Ich weiß, dass er das gehört hat – aber: *hat er* das *gelernt*?«

Was *hat* Ijob über Gott *gelernt*? Und was haben wir gelernt?

***

Die Sprache des Buchs Ijob ist so reich und ergreifend, dass ich ab und zu dem Verdacht verfalle, dass dies eine List dieses bewundernswerten Buches ist, eine der vielen Weisen, wie der Text versucht, seine eigentliche Botschaft nicht allzu leicht preiszugeben: Der Leser ist so sehr von der literarischen Schönheit des Textes betört, vom Strom der Poesie mitgerissen, vom Reichtum der Metaphern überwältigt, dass er leicht den eigentlichen, raffiniert verborgenen Schatz übersieht: das, was der Text eigentlich aussagt.

Wie sonderbar und befremdlich verhält sich Gott, der auf die Klagen und Vorwürfe Ijobs damit antwortet, dass er mit einer Sprache, die stellenweise an surrealistische Bilder und Gedichte erinnert, die wilde Dramatik der Natur zu schildern beginnt und dabei Fragen stellt, von denen er weiß, dass kein Sterblicher auf sie antworten kann. »Hat der Regen einen Vater? Wer zeugte die Tropfen des Taus? Aus wessen Schoß ging das Eis hervor? Des Himmels Reif, wer hat ihn geboren?« Oder: »Wo ist der Weg zur Wohnstatt des Lichtes? Die Finsternis, wo hat sie ihren Ort?«[3]

Ein »moderner Leser« möchte vielleicht einwenden, dass man doch heute, im Unterschied zum Autor dieses alten Buches, die Antwort auf die Mehrzahl dieser Fragen aus den Naturkundelehrbüchern genau kenne, dass man weiß, durch welche physikalischen Vorgänge Wind, Tau, Eis und anderes entstehen, dass der heutige Mensch dank der Technik schon auf dem Meeresgrund spazieren ging u.Ä. Diesen möchte ich bitten, dass er das Buch Ijob schließen und am besten auch dieses Buch gleich weglegen möge – in der Hoffnung, dass er, wenn er es irgendwann einmal wieder öffnen wird, fröhlich oder sogar ein bisschen beschämt über seine heutigen Vorbehalte lachen wird.

Als ich wieder einmal das Buch Ijob las, kam mir der Gedanke, dass die eigentliche Botschaft des Buches vielleicht gerade in jenen bewundernswerten Versen aufbewahrt ist, die stark an die *Koane* der zen-buddhistischen Meister erinnern: Rätsel, auf die man rational nicht antworten kann, die »die Vernunft fesseln«, unsere gewöhnliche Denkweise blockieren und uns so ermöglichen, in den Kern des Paradoxons vorzudringen und im blitzhaften Aufleuchten der Einsicht eine mit Worten nur schwer artikulierbare Lösung zu erblicken. »Hat der Regen einen Vater?« Die beiden gegensätzliche Antworten, die sich auf Anhieb anbieten, zum einen: »Natürlich hat er keinen«, zum anderen: »Natürlich hat er einen, Gott ist doch der Vater und Schöpfer von allem« – sind gleichermaßen wahr wie absurd; denn dadurch ist dieses göttliche Rätsel nicht wirklich gelöst.

Es hängt davon ab, ob wir die merkwürdige Antwort des Herrn an Ijob als eine Manifestation der göttlichen Kraft lesen oder als »Schwäche«, als eine stolze Manifestation der Macht Gottes oder als Hinweis auf seine Unbegreiflichkeit, oder sogar als *göttlichen Hinweis auf die Unbegreiflichkeit der Welt*.

Was sicherlich nicht nur mich früher am meisten am Gott des Buches Ijob irritierte, war, dass der Herr, anstatt Ijob auf dessen schmerzhafte Fragen anständig zu antworten, mit seiner Macht und mit seinem Wissen protzt, dass er den armen Ijob völlig zertrümmert und ihn schließlich zur vollständigen Kapitulation zwingt. Wenn wir jedoch diese Lesart wählen – die durchaus naheliegt! –, geben wir dadurch dem jüngsten und klügsten der Freunde Ijobs, Elihu, recht. Demjenigen, der, als er die Gerechtigkeit Gottes preist (»Fern ist es Gott, Unrecht zu tun, und dem Allmächtigen, Frevel zu üben«[4]), sein Gotteslob mit einem etwas merkwürdigen Argument unterlegt, nämlich mit dem Hinweis auf die unheimliche *Macht* Gottes: »Ihn, der zum König sagt: Du Nichtsnutz!, zu Edelmännern: Bösewicht!«[5] Wir werden wohl nie erfahren, ob Elihu hier durch diesen verborgenen Rat an Ijob ohne Absicht seine Haltung verrät, dass es nämlich besser sei, dem Allmächtigen zu schmeicheln und sich vor ihm niederzubeugen, als ihn mit überflüssigen Vorwürfen zu provozieren, oder ob dieser Jüngling einfach glaubt, dass die Macht und das Recht, die Weisheit und die Gerechtigkeit auf Erden wie im Himmel im Gleichschritt schreiten müssen (»Kann, wer das Recht hasst, Herrschaft führen? Und willst du den Gerechten, den Erhabenen verklagen?«[6]).

Aber auch die Schilderung der Erhabenheit der Natur durch den Herrn lässt sich ganz anders lesen. Der Herr sagt nicht ausdrücklich, dass er »der Vater des Regens« sei, dass er der Herr von allem ist und alles kennt. Es könnte auch sein, dass wir dies aufgrund des Bildes, das wir uns schon im Voraus von Gott gemacht haben, in den Text hineininterpretieren. Der Herr schildert einfach das ganze Drama der Schöpfung in ihrer Schönheit und

Unbegreiflichkeit – und es scheint, dass er für einen Moment *selbst* über die Größe und Erhabenheit seines Werkes *erstaunt ist*. Wie könnte dies dann der Mensch begreifen!

So liest Chesterton in seinem genialen Kommentar die Passage – im Unterschied zu Jung – folgendermaßen: »Gott kommt nicht, um das Rätsel aufzulösen, sondern um ein weiteres vorzulegen. Ijob ist schließlich beruhigt, weil er begreift, dass es noch etwas Geheimnisvolleres gibt als sein eigenes Unverständnis. Als wäre das Geheimnis Gottes dunkler und schwindelerregender als die menschlichen Rätsel Ijobs [...]. Gott will, dass Ijob die Unbegreiflichkeit der Welt begreift, und nimmt selbst für einen Moment die Rolle des Lästernden ein, man könnte sagen, dass er für eine Weile zum Atheisten wird. Er führt ihm in einer staunenswerten Rhapsodie eine absurde Prozession von Geschöpfen vor Augen: ein Pferd, ein Adler, ein Rabe, ein Esel, ein Pfau, ein Strauß, ein Krokodil, so, als wäre er selbst überrascht, was er alles erschaffen hat. [...] Ijob verhört Gott und Gott antwortet mit einem Ausrufezeichen. Anstatt zu erklären, dass die Welt unerklärbar ist, zeigt Gott auf, dass sie noch viel geheimnisvoller ist, als Ijob denkt.«[7]

Laut Rabbiner Harold Kushner gibt der Herr dem Ijob durch die Schilderung zu verstehen: »Wenn du denkst, dass es so leicht ist, über die Welt zu herrschen, dann probier es doch selbst einmal!«[8] Gott zeigt, dass es weitaus schwieriger ist, das Böse aus dem Weg zu räumen, als es der Mensch sich vorstellen kann, sogar für Gott. (Diese Auslegung nähert sich Denkansätzen der »Theologie nach

Auschwitz«, die im Buch Ijob einen Hinweis auf das Geheimnis der »Ohnmacht Gottes« dem Bösen gegenüber findet, auf das Geheimnis des Schweigens Gottes und seines Nichteingreifens in die finsteren Nächte des menschlichen Lebens und der Geschichte; auf das Geheimnis Gottes, der sich gemäß der jüdischen Mystik freiwillig – und mit allen Konsequenzen – *in sich zurückzog*, damit er der Schöpfung und ihrer Freiheit Raum geben kann.)

Jung, der – ähnlich wie Bloch – in diesem Streit Gottes und des Menschen Ijob für den moralischen Sieger hält (und beide sehen darin die revolutionäre Botschaft des Buches Ijob), liest aus den Reden Ijobs die provokante Frage an Gott heraus: »Und hast du irgendwann ausprobiert, was es bedeutet, ein Mensch zu sein?« (Dadurch baut jedoch Jung – der eigentlich so sehr darauf abzielt, dass sein Kommentar die Ohren der Frommen möglichst stark gegen ihn aufbringt, denn in seinem Buch führt er einen erbarmungslosen Krieg mit dem Gott seines Vaters und seiner Vorfahren, die Pfarrer waren – eine Brücke zur traditionellen christlichen Lesart des Buchs Ijob, nämlich als eines Vorbildes des Leidens des Gottmenschen Jesus; versuchen wir, ihm nicht zu schnell darin zu folgen.)

Vielleicht ist dies die Lösung des Koan: So wie es nicht möglich ist, den »Vater des Regens« zu benennen, so ist es auch nicht möglich, eine rationale Antwort auf die Frage nach dem Bösen und nach dem Leid in der Welt zu finden. Der Mensch kann jedoch sein Schicksal in die Hand nehmen und es als ein winziges Fragment des kosmischen Dramas begreifen, und er kann dies allein dadurch, indem er es in den Kontext einer Handlung legt, die weitaus komplizierter ist als alle seine Fragen …

* * *

Der Herr führt Ijob aus der Welt der Moraltheologie in die Welt der Natur heraus. Denn auf dem Feld der rationalen Theodizee, des theologisch-philosophischen Spekulierens darüber, wie es möglich ist, das Konzept eines allmächtigen und gerechten Gottes mit dem Leid der Unschuldigen zu versöhnen, auf dem sich bis dahin der Streit Ijobs mit seinen Freunden bewegte, lässt sich das Problem nicht lösen.

Die sich anbietenden einfachen Lösungen – »ein leidender Mensch kann nicht unschuldig sein« (also die Lösung, die die Freunde Ijobs anbieten) oder »Gott kann nicht gut sein« (»Lästere Gott, und stirb!« – die von der Ehefrau Ijobs angebotene Lösung[9]) beziehungsweise »Gott gibt es nicht, ihn kann es nicht geben« (angeboten von Generationen von Atheisten, die mit den geschichtlichen Katastrophen, mit Naturkatastrophen und Katastrophen im persönlichen Leben argumentieren) – sind augenscheinlich nicht die Lösung dieses Rätsels; allein schon deshalb, weil sie das Rätsel zerstören.

Der Herr gibt bei seinem Eintreten in den langwierigen Prozess Ijob recht, und nicht dessen Anwälten – vielleicht deshalb, weil Ijob während seines Klagens einen weiteren Ausweg gefunden hat: Der Herr ist *anders*. Er ist anders, als ich dachte! Er ist anders, als ihn die traditionellen theologisch-moralisch-juristischen Theorien der frommen und gelehrten Freunde Ijobs schildern. Aber gerade deshalb lädt Ijob den Herrn vor das Gericht, setzt ihn auf die Anklagebank. Er fordert, dass er die bedrohliche Maske des unbegreiflichen, heimtückischen, unberechenbaren und starrsinnigen, schweigenden Feindes, der ohne Kriegserklärung und Angabe eines Grunds angreift, endlich abnimmt.

Der Herr lässt sich auf dieses Spiel ein, er nimmt die Herausforderung an; der Prozess jedoch muss in einem anderen, größeren Rahmen stattfinden, als es der Raum der gewöhnlichen theologisch-moralischen Kategorien ist: Er findet in der Natur statt. Der Herr *ruft die Natur in den Zeugenstand*, er erteilt ihr das Wort. Er vergegenwärtigt das Drama der Natur, in dem eine ganz andere Logik zur Geltung kommt als jene, in der sich der bisherige Streit abgespielt hat.

»Du sagst, dass die Welt, die moralische Welt, logisch, rational sein muss, dass in ihr kein Platz für das Absurde ist – aber schau auf die Ordnung der Natur, auf dieses große Werk von mir. Wie viel Absurdität ist in ihr! Wie anders sollen wir z. B. die Verse über die Wüste lesen, auf die es regnet, obwohl in ihr niemand wohnt?«

Letztendlich legt sich Ijob demütigend die Hand auf den Mund. »Vom Hörensagen nur hatte ich von dir vernommen, jetzt aber hat mein Auge dich geschaut.« Was hat also Ijob von Gott begriffen? Er hat begriffen, dass er unbegreiflich ist. Er hat begriffen, dass kein Teilnehmer des großen Dramas der Schöpfung, in welches auch unser individuelles Schicksal eingeflochten ist, einen ausreichenden Abstand oder den nötigen Überblick besitzt, um alles übersehen und alles verstehen zu können.

Diese Unbegreiflichkeit zu begreifen und mit ihr leben zu lernen kann ich aber nur *in der Hoffnung*, dass hier jemand ist, der mich für einen Augenblick aus meiner Perspektive emporheben kann, auch wenn dieses Emporheben bedeutet, eher in das blendende Licht des Geheimnisses zu blicken als zu einem göttlich Wissenden zu werden.

»Gäbe es doch einen, der mich hört«, ruft Ijob, niedergeschlagen von der Unfähigkeit seiner geschwätzigen Freunde, ihm zuzuhören und die Sprache seines Schmerzes zu verstehen. »Ja, ich bin hier«, sagt der Herr aus dem Sturmwind und Gewitter.

Anmerkungen

[1] Vgl. Gen 32,23–33.
[2] Vgl. Kafka, F., Der Prozess, Kap. 27.
[3] Ijob 38,19.28f.
[4] Ijob 34,10.
[5] Ijob 34,18. Dies bemerkte treffend C. G. Jung in seinem Kommentar, vgl. Jung, C. G., Antwort auf Hiob, München 2001, S. 15.
[6] Ijob 34,17.
[7] Tomský, A. (Hg.), Úžas, radost a paradoxy v díle G. K. Chestertona (Staunen, Freude und Paradoxe im Leben und Werk von G. K. Chesterton), Kostelní Vydří 2007, S. 258.
[8] Kushner, H. S., Když se zlé věci stávají dobrým lidem (Wenn guten Menschen böse Sachen passieren), Praha 2000, S. 51.
[9] Ijob 2,9. Im Unterschied zu vielen Übersetzungen lautet die Aussage der Frau Ijobs im hebräischen Original allerdings: »Segne Gott (gemeint ist: verabschiede dich von Gott) und stirb!«

11. Die Rede aus dem Wettersturm und Gewitter

Das Buch Ijob verneint die traditionelle Sicht auf Gott; es kennt keinen Gott, der wie in jedem schönen Märchen die Schuldigen bestrafen und die Guten belohnen muss – *und zwar so, wie wir Gerechte uns das vorstellen und einfordern.* Schon dadurch stellt es in der Tat eine Revolution im religiösen Denken dar.

Ist auch eine ähnliche Wendung auszumachen im Blick auf die Natur, die in diesem Buch eine so wichtige Rolle spielt? In beinahe jedem Buch kann man über die biblische Kosmogonie und Theologie lesen, dass für die Bibel die *Geschichte* und ihre ständig neuen und einzigartigen Geschehnisse den Raum für die Theophanie (die Offenbarung des Göttlichen) darbieten, während für die vor- und nichtbiblischen Religionen und Mythologien die Natur und ihre sich ewig wiederholenden Zyklen den Raum für diese Theophanien darboten. Der Gott des Buchs Ijob führt jedoch gerade das Drama der *Natur* vor – und es ist kein beruhigendes Bild der Zweckmäßigkeit und der Harmonie, sondern eher das Gegenteil! Wenn Ijob behauptet, dass der »Kriegsdienst des Menschen Leben auf der Erde« ausmacht, dann zeigt ihm Gott auf, dass der Mensch mit diesem Schicksal auf Erden nicht allein ist.

Die Natur ist voll von Paradoxien und es gilt sicher das, was Pascal in seinen »Pensées« kurz und genial so formulierte: »Die Natur hat Vollkommenheiten, um zu zeigen, dass sie das Abbild Gottes ist, und Mängel, um zu zeigen, dass sie *nur* das Abbild ist.«[1]

* * *

Uns gelingt es nur noch unter Schwierigkeiten, beim Blick auf die Natur die Brille abzunehmen, die uns im 19. Jahrhundert einerseits die romantischen Dichter und andererseits Darwin mit seiner Schilderung der Natur als des Kampfes um das Überleben des Stärkeren aufgesetzt haben. Ein Kollege hat im Gespräch einmal einen interessanten Gedanken eingeworfen: Vielleicht projiziert jeder große Theoretiker der Naturwissenschaft unbewusst die gesellschaftliche Erfahrung seiner Zeit in seine Sicht auf die Natur mit hinein; ähnlich wie die mittelalterliche Kosmologie das Bild der mittelalterlichen hierarchischen Ordnung widerspiegelte, projizierte wiederum Darwin das gesellschaftliche Ringen und die Konkurrenzkämpfe des 19. Jahrhunderts in seine Sicht auf die Natur.

Erlauben wir uns einen kleinen Umweg: Wie war das eigentlich mit Darwin? Beim vor kurzem begangenen Darwin-Jubiläum wurde die Debatte über die Beziehung von Wissenschaft und Religion wiederbelebt. Am meisten waren dabei Stimmen aus zwei Lagern zu hören (Stimmen, die mir persönlich völlig uninteressant und völlig symmetrisch einfältig erscheinen), nämlich die Aufschreie der Kreationisten – biblischen Fundamentalisten – und die Kampfparolen der säkularistischen Fundamentalisten vom Typ eines Richard Dawkins. Als gläubigen Menschen und als Theologe interessiert mich nicht allzu sehr die Darwin'sche Biologie, weil ich nicht weiß – so wie es die Mehrheit der heutigen Theologen nicht weiß und wie es Darwin selbst nicht wusste –, warum die Evolutionstheorie meinen Glauben an Gott irgendwie in Zweifel stellen und auf diese oder jene Weise meine Theologie beeinflussen sollte.

Darwin hat einst der Theologie dadurch einen großen Dienst erwiesen, indem er in Zweifel zog, dass man die Bibel als Naturkundelehrbuch lesen könne, aber diese Probleme sind in der biblischen Theologie schon längst passé. Als Theologe interessiert mich die Darwin'sche Theologie, als gläubigen Menschen interessiert mich seine Glaubensgeschichte. Darwin war von seiner einzigen abgeschlossenen Ausbildung her Theologe, und sofern er an der Universität biologische Fragen studierte, studierte er sie im Rahmen der Theologie unter einer theologischen Fragestellung – die damalige aufklärerische »Naturtheologie« bestand nämlich zum großen Teil aus dem Studium der Natur als eines zweiten Buches der Offenbarung (neben der Bibel) und schöpfte aus der Erkenntnis der Rationalität und Harmonie der Natur den Beweis der Existenz des Schöpfers und der Vollkommenheit seines Werkes.

Später hat Darwin zur Emanzipation der Biologie beigetragen, indem er sie aus dem Kontext der Theologie gelöst und in die Sprache der Geschichte übertragen hat. *Er machte aus der Natur Geschichte*, eine Geschichte. (Übrigens übersetzte im selben Jahrhundert Hegel die Theologie aus der Sprache der statischen Metaphysik in die Sprache der Geschichte und machte – ähnlich wie es in seinen Fußstapfen die heutige amerikanische prozessuale Theologie tut – aus Gott Geschichte, eine Geschichte.) Was ist jedoch von Darwins Theologie übrig geblieben?

Darwin war bekanntermaßen nie Atheist, im Laufe seines Lebens schwankte jedoch der Glaube seiner theologischen Jugend und wurde schwächer, gegen Ende seines Lebens erklärte er sich dann zu einem toleranten *Agnostiker*. Das, was seinen Glauben erschütterte, waren jedoch nicht seine biologischen Forschungen, Darwin selbst blieb zeit seines Lebens »gemäßigter Kreationist«, wie manche gerne sagen. Gott und seinen schöpferischen Akt hat er eher vor die Abfolge der Evolution geschoben, als dass er die Absicht gehabt hätte, ihn ganz zu streichen oder zu verneinen. Das, was seinen Glauben wirklich erschütterte, war der Tod seiner geliebten Tochter – auf dieses Geheimnis, das Geheimnis des Leids, konnte ihm die aufklärerische Theologie, in der die Harmonie der Natur eine wesentlichere Rolle als das Drama der Passion spielte, keine Antwort geben.

Welche Antwort würde Darwin – nicht auf seine biologischen, sondern auf seine existenziellen Fragen – im Buch Ijob finden?

***

Auf das Ijob'sche Rätsel gibt es noch eine weitere ausgeklügelte Lösung, nämlich die Antwort, die über Jahrtausende hinweg in verschiedenen Versionen die Gnostiker anboten. Die Gnosis sagt uns, dass es *zwei Gottheiten* gibt: den bösen Demiurg, der für die schlechte materielle Welt und alles Böse in ihr verantwortlich ist, und hinter den Kulissen den verborgenen guten Gott. Diesem guten Gott gehört ihrer Natur nach unsere Seele an, die jedoch in den Körper und in die Welt geworfen ist, in die unreine Materie. Der Raum, in dem wir wie Schlafende sind, wie Betrunkene, bis uns die Aufforderung weckt, den Weg der *Erkenntnis* zurück in den väterlichen Schoß anzutreten. Das ewige Rätsel, wie man das Vertrauen auf einen guten und mächtigen Gott mit der Tatsache des Bösen und des Leids in der von ihm erschaffenen Welt versöhnen kann, lässt sich also leicht damit lösen, dass wir die Einzigkeit Gottes (und seine Einzigartigkeit) leugnen und zwei Gottheiten anerkennen.

Harold Bloom schreibt, dass jeder von uns vor diesem großen Dilemma steht: »Wenn man einen Gott akzeptieren kann, der mit Konzentrationslagern, Schizophrenie und Aids zu leben vermag und dennoch allmächtig und irgendwie gütig bleibt, dann hat man den Glauben [...]. Doch wenn man weiß, dass man eine Affinität zu dem fremdartigen oder fremden Gott hat, der von dieser Welt abgeschnitten ist, dann ist man ein Gnostiker.«[2]

Ijob wird augenscheinlich auch dafür gelobt, dass er nicht in die Falle dieser Versuchung getreten ist, auch wenn er einen Moment lang an ihrer Grenze balanciert. Wenn Ijob gegen Gott ruft und sich im hebräischen Text auf seinen Goel (d. h. Rächer, Erlöser oder Retter) beruft (»Doch ich, ich weiß: mein Erlöser lebt, als Letzter erhebt er sich über dem Staub« – Ijob 19,25), hat er beinahe den Schritt zu jenem gnostischen Dualismus getan. Aber wer auch immer mit diesem geheimnisvollen »Goel« gemeint ist (und wir werden in einem späteren Kapitel dieses Buches noch auf dieses Motiv zu sprechen kommen), es ist sicherlich kein Gegengott. Denn gleich im nächsten Satz fügt Ijob hinzu: »Ohne meine Haut, die so zerfetzte, und ohne mein Fleisch *werde ich Gott schauen.* Ihn selber werde ich dann für mich schauen; meine Augen werden ihn sehen, nicht mehr fremd. Danach sehnt sich mein Herz in meiner Brust.« Und so geschieht es auch: Ijob wird Gott *anders* schauen, er wird nicht einen *anderen* Gott schauen.

Eine der wesentlichen Botschaften des Buches Ijob ist die entschiedene Ablehnung jedes religiösen Dualismus, des Schemas guter Gott contra böser Gott (Satan). Deshalb wird zu Beginn des Buches klar gesagt, dass der Satan nur eines der Geschöpfe ist, einer der Diener Gottes (wie in der Genesis die »Schlange« nur eines der Tiere im Paradies ist). Er hat seine Aufgabe, er versucht, läutert, verführt, provoziert, es scheint sogar so, dass es ihm gelungen ist, Gott selbst zu provozieren. Er ist jedoch kein mächtiger Gegengott. Der Autor des Buchs Ijob steht unerschütterlich in seinem Monotheismus, im Glauben an die Einzigkeit Gottes und dessen Einzigartigkeit.

Aber gerade dadurch entsteht das eigentliche theologische Rätsel: Wenn Gott keinen gleichwertigen Partner hat, auf den sich die ganze Verantwortung für das Böse in der Welt abwälzen ließe, dann muss das Böse entweder in Gott sein oder Gott im Bösen. Tertium non datur.

»*Das Böse ist in Gott*«, das ist die Antwort Jungs; hierin will und kann ich ihm nicht folgen – ich würde ihn nur bis an den Felsvorsprung dieser Häresie begleiten, nur bis zur Behauptung, dass wir in Gott auch die »dunkle«, d. h. die uns unbegreifliche Seite finden können; dass Gott den Tag und die Nacht umarmt und unsere Vorstellungen davon, was gut und was böse ist, radikal übersteigt.

»*Gott ist im Bösen,* und deshalb ist das Böse eigentlich nicht böse«, das ist die Antwort der Chassidim;[3] ich will ihnen in dieser heiligen Naivität nicht bis in jene extreme Konsequenz folgen, nichtsdestoweniger lohnt es sich gewiss, diese Antwort einen Moment lang gründlicher zu betrachten.

Der Rabbiner Lawrence Kushner, ein heutige Nachfolger der chassidischen Mystik, unterscheidet strikt »schlechte« und »böse« Ereignisse.[4] Unfälle und tragische Unglücksfälle, die von niemandem absichtlich verschuldet wurden, *sind nicht böse, sondern schlechte Ereignisse* genauso wie Naturkatastrophen, Überschwemmungen, Vulkanausbrüche, Blitzeinschläge oder ansteckende Krankheiten. Darin äußert sich, dass *die Welt nicht Gott ist* und sie deshalb auch nicht vollkommen sein kann; diese Erscheinungen sind eher als Herausforderung anzusehen, dass wir unseren Glauben und unsere Hoffnung auf Gott setzen sollen und nicht auf die Welt, als dass sie Ursache für eine Anklage Gottes sein könnten.

Wenn wir in der Bibel Spuren einer archaischen »theologischen Klimatologie« finden wollen, die unmittelbar hinter diesen Erscheinungen den Finger Gottes sucht, dann sagen uns andere biblische Texte, und insbesondere der erwachsene Glaube des Buches Ijob: Legt diese naiven

Vorstellungen ab! Ähnlich wie die Geschichte über die Opferung Isaaks sagen will: Hört auf damit, ich will nicht, dass ihr mir Kinder oder Menschen opfert! Die Bibel ist voll von solcher inneren Polemik, sie ist geradezu als ein großartiges Buch des Dialogs *verschiedener* Stimmen und Zeugnisse über das Reifen des Glaubens in den Erfahrungen des Volkes Gottes zu lesen; es wäre beinahe schon blasphemisch, sie nur als eine eindimensionale technische Anleitung zum Umgang mit der Welt und dem Leben zu lesen. Als ich die unendlichen Listen mit »Widersprüchen in der Bibel« gelesen habe, die Mitglieder der atheistischen sowjetischen Akademien im Schweiße ihres Angesichts zusammengestellt haben, war ich darüber sehr erfreut. Sind sie doch ein Beweis dafür, wie reich, bunt und kostbar dieses Buch ist und wie es gerade dadurch nah am Leben ist, weil dieses auch voll von Widersprüchen ist; wie die Bibel dadurch die »wissenschaftlichen Ideologien« unendlich übersteigt, die sich in ihrer seichten Eindimensionalität als für das Leben und die Geschichte unbrauchbar erwiesen (und deren Verfechter sich deshalb bemühten, das Leben und die Geschichte gewalttätig so zurechtzustutzen, dass sie zum Bild ihrer Patentrezepte passten). Ich vertraue einer Theologie, die – ähnlich wie die Bibel – mit ihrer Innovationskraft, der Originalität ihrer stets neuen Re-Interpretationen und ihres inneren Reichtums eher der Literatur ähnelt (oder der Kunst überhaupt) als abgeschlossenen »widerspruchslosen« Systemen nach dem Muster der positivistischen Wissenschaft oder der neuzeitlichen »wissenschaftlichen Ideologien«.

Gott hat uns eine Welt voll von Leben gegeben, also auch voll von Widersprüchen und Überraschungen, eine Welt voller Rätsel und anspruchsvoller Aufgaben, einem Drama viel ähnlicher als einem Spielzeug ohne jedes Risiko. Übrigens könnten wir ab und zu darüber nachdenken, was wir selbst schon daraus gemacht haben!

Kommen wir auf die Differenzierung von Lawrence Kushner zurück. Im Unterschied zu den schlechten Ereignissen sind wirklich *böse* Geschehnisse nur diejenigen, hinter denen die bewusste böse Absicht eines Menschen steht – wenn es sich also um einen Missbrauch des Geschenks der Freiheit handelt. Auch in diesem Fall ist jedoch der *Gott gegenüber* erhobene Protest an der falschen Adresse, insofern wir doch eigentlich nicht über das Geschenk der Freiheit selbst klagen möchten und lieber Wesen ohne Freiheit sein wollen, die von Gott wie Marionetten am Faden sicher und ohne jegliches Risiko geführt werden. Aber als solche wollte uns Gott nicht, und ich bezweifle, dass sich irgendjemand tatsächlich nach einer solchen Existenz und nach einem Leben, das wie eine Szene aus einem Marionettenspiel für Kinder abläuft, sehnen würde – wenn er sein Menschsein zumindest ein wenig schätzt.

Das Böse erscheint uns als finster, weil es – insbesondere im ersten Moment eines unerwarteten Schicksalsschlags – in der Regel unbegreiflich ist; es will uns nicht nur nicht seinen Sinn erklären, es greift sogar unser bisheriges Verständnis der Sinnhaftigkeit der Welt und des Lebens an, häufig auch unser bisheriges religiöses Verständnis dieses Sinnes, unsere Sichtweise auf Gott. Wenn wir damit meinen, dass das Böse zur Wolke des Geheimnisses gehört, in der Gott sein Antlitz verbirgt, könnten wir also sagen, dass »Gott im Bösen ist«.

Mit Gott kann man rechten, will uns das Buch Ijob sagen; gegen Gott kann man klagen – aber eben jedoch wiederum nur zu Gott. Von den chassidischen Legenden bis zu den Erzählungen aus den nationalsozialistischen Todeslagern wissen wir, wie fromme Menschen Gott gerichtet und verurteilt haben – den Gerichtsprozess aber beendeten sie dann mit einem Gebet zu Gott. Das ist das eigentliche *Koan* des Glaubens. Im Glauben, von dem die Bibel zeugt, und besonders das Buch Ijob, gibt es auch Raum für den Streit mit Gott, für das Ringen mit Gott, und diesen Raum gibt es sogar *nur dort*.

Ein konsequenter Atheist kann mit Gott nicht ringen, denn zu diesem Ringen fehlt ihm der Partner; das, wogegen er kämpft, ist in der Regel nur seine Vorstellung von Gott – und häufig sein eigener Schatten. Er selbst wähnt sich im Kampf mit Gott. Ein Atheist, der Gott vorwirft, dass er die Welt nicht nach seinen Vorstellungen erschaffen habe, begeht schon mit diesem Vorwurf eine Häresie gegenüber dem Hauptdogma des Atheismus, das in der Überzeugung besteht, dass es keinen Gott gibt. Der Atheist, der Gott wegen des Übels in der Welt das Recht zu sein abstreitet und »ihn definitiv abgeschrieben hat«, ist kein allzu konsequenter Atheist, er ist eher ein »Glaubender«, der die Prüfung des Glaubens nicht bestanden hat, die das Böse in der Welt zweifellos darstellt, und der Gott trotzig den Rücken zuwendet; er will nicht mehr mit Gott diskutieren und wie Ijob oder Jakob mit ihm kämpfen. Aber die Bibel sagt uns, dass *Gott diejenigen gern hat, die mit ihm ringen.*

* * *

Erst in seinem Rechten mit Gott ist Ijob über jene kaufmännische Erwartungshaltung an Gott gemäß dem Modell *Soll und Haben* hinausgewachsen. Er erkannte, dass Gott kein »Prinzip« ist, kein »Gesetz«, sondern der lebendige Gott. Erst im Streit mit ihm erblickte er das Geheimnis des widersprüchlichen Wesens Gottes: Gott umfängt Tag und Nacht, das Gute und das Böse, Leben und Tod. Nur wir sehen aus unserer Perspektive diese Seiten des Lebens voneinander getrennt; aber die Sonne scheint, auch wenn wir sie nicht sehen, die Sterne strahlen, auch wenn wir sie nicht sehen, der Regen fällt auf die Wüste, auch wenn wir nicht in ihr wohnen.

Unser Dilemma besteht darin: Entweder ist die Welt auf uns bezogen, oder sie ist absurd, sie zählt nicht; in Wirklichkeit aber ist die Welt auf Gott bezogen – auch wenn wir das nicht sehen können … Chesterton hat recht, wenn er seiner suggestiven Auslegung, dass die Hauptbotschaft des Buches Ijob in der Hervorhebung der Undurchdringlichkeit des Geheimnisses Gottes liegt, noch knapp hinzufügt, dass dieses Geheimnis trotz seiner Undurchdringlichkeit »nicht traurig ist. Es ist wie ein Strahl, der durch den Spalt unter einer verschlossenen Tür hindurchgeht.«

* * *

Jeder Satz verrät seinen Sinn nur in einem bestimmten Kontext. Wenn wir den Kontext nicht kennen, kann es sein, dass wir ihn missverstehen oder er uns absurd erscheint. *Gott ist der Kontext unseres Lebens* und des großen Dramas der Geschichte und der Natur; wenn wir diesen Kontext nicht berücksichtigen, können wir die eigene Geschichte (geschweige denn die Geschichte der Menschheit und der Natur) missverstehen, oder sie kann uns absurd vorkommen.

Aber Achtung – warnt das Buch Ijob alle Frommen – wir können über diesen Kontext *nicht verfügen*, ihn erfinden und in fromme Phrasen übersetzen und mit ihnen andere belehren. Dann würden wir wie die Freunde Ijobs sündigen. Wenn wir so etwas tun (und wer von den Frommen tut dies wenigstens nicht ab und an), könnte uns Gott hart bestrafen, wenn nicht solche Rebellen, streitbare Menschen und Kämpfer mit Gott für uns bei ihm ein gutes Wort einlegen würden, wie sein Diener Ijob es war, der Einzige, der von ihm die Wahrheit sagte ...

Gott, jener geheimnisvolle Kontext unseres Lebens, *ist uns nur als Gegenstand der Hoffnung gegeben*. Und auch wenn wir uns bemühen sollen, alle seine Botschaften sorgfältig zu lesen, die Worte und die geheimnisvollen Chiffren, die heiligen Schriften und die Schätze der Tradition und die Zeichen der Zeit, und auch wenn wir gemeinsam mit dem großen katholischen Gehorsam an all das glauben, »was die heilige Kirche zum Glauben vorlegt« (wie auch ich mich darum bemühe) – alle diese guten, nützlichen, ja sogar unverzichtbaren Schritte ändern nichts an dieser Tatsache. Hoffnung, Glaube und Liebe, dieser »dreifach geflochtene Faden« ist das Einzige, woran wir uns festhalten können, damit wir nicht dem Schwindel erliegen, wenn uns das Leben etwas davon zeigt, was der Diener Gottes, Ijob, im Regen des Schmerzes und im Wettersturm der Worte des Herrn erblickte.

Anmerkungen

[1] Pascal, B., Pensées, Brunschvicg, S. 451.
[2] Harold Bloom, Omens of Millennium, London 1997, S. 252.
[3] Genauer gesagt: Alles böse ist immer zu etwas gut!
[4] Vgl. Kushner, L., Na tomto místě byl Bůh a Já, já jsem to nevěděl (An diesem Ort waren Gott und ich, aber ich, ich habe es nicht gewusst), Praha 2005, S. 57–59.

12. Ich glaube, dass mein *Goel* lebt

»Die einzige Entschuldigung für Gott ist, dass er nicht existiert«, schrieb Stendhal. Vielleicht meinten es manche Atheisten ähnlich gut mit Gott, sie wollten ihn entschuldigen, ihn von der Verantwortung für das Böse in der Welt entlasten – ähnlich, wie sich auch die Freunde Ijobs darum bemühten. Allerdings haben die Atheisten eine Lösung gefunden, auf die weder Ijob noch seine Freunde gekommen waren: Sie erklärten Gott für nicht existent.

Doch ist diese Lösung des Rätsels, vor welches uns das Böse stellt, offensichtlich zu schlicht, als dass sie richtig sein könnte. Auch wenn es für einen Gläubigen – wie man am Beispiel Ijobs sehen kann und wie es viele aus eigener Erfahrung wissen – schwer ist, einen Gott zu akzeptieren, »der mit Konzentrationslagern, Schizophrenie und Aids zu leben vermag«, wird die dunkle Szenerie der menschlichen Tragödien überraschenderweise weder klarer noch übersichtlicher, wenn man Gott aus diesem Spiel nimmt. Auch wird es in keiner Weise einfacher, der Pflicht nachzukommen, in diesem Spiel auszuharren, standzuhalten und nicht zu desertieren.

Übrigens ist es nicht so einfach, Gott loszuwerden. Schon Nietzsche wusste das, als er über den »überlebenden Schatten des toten Gottes« schrieb, und auch die Psychoanalytiker von Jung bis Lacan mussten sich davon überzeugen. So waren die Bemühungen zweier totalitärer

Regime des 20. Jahrhunderts, in Form einer »*Endlösung*« einen definitiven Schlussstrich unter die jüdisch-christliche Religion und ihre Moral zu ziehen, letztendlich nicht erfolgreich. Ihr Versuch, die Menschheit von allen Formen des »Schattens Gottes« zu befreien – insbesondere vom Gewissen loszukommen, dieser »jüdischen Erfindung«, und von der ganzen christlich-humanistischen Kultur des Westens, um damit diese bremsenden Hindernisse auf den Autobahnen des Siegesmarsches hin zu einem »neuen Morgen« zu liquidieren, sie mitsamt ihren Trägern, dem Judentum und den christlichen Kirchen, auszurotten –, ist trotz aller aufgewendeten Mühen nicht gelungen.

Wenn dem heiligen Anselm mit seinem genialen *ontologischen Gottesbeweis* aus dem Begriff Gottes heraus etwas gelungen ist, dann ist das nicht der überzeugende Beweis der »realen« Existenz Gottes, sondern der logische Beweis, dass *man Gott nicht als nichtexistent denken kann*. Weil das Sein essentiell zum Begriff des vollkommenen Wesens gehört, ist ein »nichtexistierender Gott« ein Widerspruch, er ist kein Gott, sondern ein Götze. »Gott ist das, worüber hinaus Größeres nicht gedacht werden kann«, behauptet Anselm. Und wenn wir dieser Definition zustimmen, dann hat dies zur Konsequenz, dass alles, was wir »über Gott« oder »an die Stelle Gottes« setzen wollen, *für uns zum Gott wird* – aber ein Gott, dem wir etwas überordnen oder den wir durch etwas ersetzen beziehungsweise den wir verneinen oder »töten« könnten, ist kein wirklicher Gott, sondern ein Götze.

Der heilige Bonaventura drückte dies mit dem genialen Satz aus: Wenn Gott Gott ist, ist Gott. (Denn das, was »nicht ist«, das ist in Wahrheit kein Gott.)

Wenn wir über Gott nachdenken, balancieren wir wie ein Seiltänzer auf einem sehr dünnen Seil, mit dem Abgrund links und rechts von uns: »Das, was du verneinen kannst, ist nicht Gott« (Bonaventura) und »Wenn du etwas begreifen kannst, ist es nicht Gott« (Augustinus). Auf dieser sehr dünnen Kante, quasi wie auf Messers Schneide, kann nur ein von Hoffnung und Liebe gestützter Glaube schreiten, nur ein Glaube, der von der Gnade getragen ist.

Manche Theologen werden hier einwenden, dass Gott selbst diesem Glauben durch seine Offenbarung entgegenkommt, durch sein Wort, durch seine Bereitschaft, sich erkennen zu lassen, worin für den Glauben das größte »Geschenk der Gnade« besteht. Das ist sicherlich richtig, aber da wir in dieser Welt leben, bleibt ein gewaltiger Graben zwischen der Tiefe der Selbstmitteilung Gottes und unserer Fähigkeit, sie fassen zu können; das Wort von Paulus, dass wir Gott hier auf Erden nur teilweise erkennen können, im Spiegelbild, in Rätseln, gilt nicht nur für die »natürliche« Erkenntnis Gottes in seiner Schöpfung, sondern auch für das Verständnis seiner Worte und Taten in der Heilsgeschichte.

Zurück jedoch zu Anselm: Der Haupteinwand gegen den ontologischen Gottesbeweis lautet, dass Anselm in Wirklichkeit nur bewiesen hat, dass, *sofern* Gott *existiert, er* dann notwendig existiert (im Unterschied zu allen einzelnen Seienden, die qua definitione zufällig existieren, was bedeutet, dass sie auch nicht sein können). Und die Kritiker fügen noch hinzu, dass man nur mit dem Glauben in dieses *sofern* eintreten könne, nicht aber mit einem rationalen Beweis (mit anderen Worten: Der Glaube an Gott lässt sich im streng logischen und rationalen Sinne weder beweisen noch widerlegen). Der nächste Streit wird eher darüber geführt, auf welche Weise jenes »das, worüber hinaus Größeres nicht gedacht werden kann«, »*ist*« (eher als »*was das ist*«); denn »das«, über das hinaus wir uns nichts Größeres denken können, *kann* tatsächlich *nicht sein* ...

***

Gott werden wir mit dem atheistischen »Streichen« nicht los – aber vielleicht wird ihm stattdessen durch dieses Streichen ein Raum eröffnet. Vielleicht wird ihm der Weg bereitet (oder unser Weg zu ihm), vielleicht wird der vom Unkraut der verschiedensten religiösen Phantasien und menschlichen Projektionen überwucherte Pfad dadurch freigeschnitten.

In vielen meiner Bücher habe ich mich bemüht zu zeigen, wie ein kritischer Atheismus dem Christentum sehr nützlich sein kann, wenn er sich selbst nicht zu einer »Ersatzreligion« erhebt (was eine ständige und große Versuchung darstellt): Er kann den Raum für den wirklichen Glauben reinigen. Der Glaube, wie ich ihn im Geist der biblischen Propheten und der großen Mystiker und Theologen des Christentums (aber auch des Judentums und des Islams) verstehe, ist und darf kein »Theismus« noch ein anderer »-ismus« sein, weil er sich dadurch in sein Gegenteil verkehren würde, in Ideologie und Idolatrie, in einen heidnischen Götzendienst. Der Kampf gegen den Götzendienst ist ein Kampf gegen die Verwechslung des Symbols mit dem, worauf es hinweisen soll. Heute besteht weitestgehend nicht mehr die Gefahr, dass die Menschen die Erzeugnisse ihrer Hände als Gott verehren, worüber sich seinerzeit die biblischen Propheten lustig machten, sondern es besteht die Gefahr, dass sie die Erzeugnisse ihrer Vernunft und ihrer Phantasie vergöttern und anbeten werden – und es sei an dieser Stelle noch angefügt, dass wir dieser raffinierten Version des »Heidentums« in verschiedenen geschichtlichen Gestalten des Christentums begegnen können, auch in der akademischen Theologie.

Sofern der Atheismus den »Theismus« bekämpft (einen zur Ideologie, zum »System« degenerierten Glauben), können wir mit ihm als Christen und christliche (oder auch jüdische und islamische) Theologen ausdrücklich übereinstimmen.[1]

Gott – ein Verbündeter und Garant der politischen Macht; ein Gott, der Angst verbreitet und Gewalt an Unschuldigen legitimiert? Gott – ein Regisseur der Welt und der Geschichte, der der menschlichen Freiheit keinen Raum und keine Verantwortung lässt und Freiheit und Rationalität des Menschen eifersüchtig behindert? Ein solcher Gott existiert wirklich nicht! *Einen solchen* Gott kann man und muss man notwendigerweise negieren, denn »über« ihn hinaus kann und muss in der Tat noch etwas »Höheres« gedacht werden.

Und für den Fall, dass wir selbst es nicht zu Wege bringen, dieses klar und rechtzeitig auszusprechen, wenn sich in unsere Theologie, in unsere Spiritualität und kirchliche Praxis diese häretischen Karikaturen Gottes eingeschlichen haben, sollten wir den Atheisten dafür dankbar sein, dass sie diese Arbeit für uns erledigen! Sollte auch durch ihren Verdienst die Welt »gottlos« sein – gottlos im dem Sinne, dass sie von diesen schrecklichen Gottheiten befreit ist, die durch die Projektion der menschlichen Ängste und Wünsche erschaffen wurden –, wird sie dem Gott, von dem das Evangelium spricht (und auch schweigt), sicherlich näher sein. Jesus selbst *verbirgt* – ganz im Geist des Gebotes, »den Namen nicht zu missbrauchen« – den Begriff »Gott« konsequent (in den Chiffren und Metaphern seiner Gleichnisse – vom König, vom Sämann, vom guten Hirten, vom barmherzigen Vater, der den verlorenen Sohn umarmt). Nicht jedes »Schweigen über Gott« ist Ausdruck von Undankbarkeit, Gleichgültigkeit und Ignoranz!

* * *

»Die mündige Welt ist Gott-loser und darum vielleicht gerade Gott-näher als die unmündige Welt«, schrieb in seinen berühmten, vor der Hinrichtung im nationalsozialistischen Gefängnis verfassten Briefen der große Theologe des 20. Jahrhunderts, Dietrich Bonhoeffer. Ja, die vorchristliche und außerchristliche Welt »voll von Göttern und Dämonen« war wirklich für den Gott der Bibel verschlossen und feindlich ihm gegenüber; der Glaube der Christen, Juden und Muslime hielt es deshalb immer für seine erste

Pflicht, zu verkünden, dass *die Welt nicht Gott* ist und dass es notwendig ist, alle Götzen und Dämonen aus der Welt zu vertreiben.

Die Religionskritik, die Säkularisation und ein gewisser Typ des Atheismus waren darin legitime Nachfolger (und können bis heute wertvolle Verbündete sein) eines radikalen Glaubens an Gott, der in der Welt keinen Ort hat, auf den er seinen Kopf niederlegen könnte. In diesem Sinne sind der transzendente Gott und die säkulare Welt gegenseitig komplementär zueinander. Das Christentum zeigt jedoch – im Unterschied zu Judentum und Islam –, dass es hier dennoch einen grundlegenden Punkt der Durchdringung von bzw. der Verbindung zwischen Gott und der Welt gibt – und das ist das Menschsein Jesu von Nazaret, des Menschensohns und Gottessohns (und in Verbindung mit ihm das Menschsein eines jeden Menschen, die »menschliche Natur«).

Gelang es aber der »mündig gewordenen Welt«, die das Fegefeuer des Atheismus durchschritt, diese »Gottlosigkeit«, im Sinne der Freiheit von der Sklaverei für die Götzen, beizubehalten, in der Bonhoeffer die Hoffnung für die Offenheit gegenüber Gott erblickte?

Der klassische Atheismus der sich auf ihrem Höhepunkt befindenden Aufklärung des 20. Jahrhunderts ist verhältnismäßig schnell verschwunden. In manchen Fällen hat er sich in eine Ersatzreligion verwandelt, die mit ihrem Fanatismus und ihrer Grausamkeit (beispielsweise in der Gestalt von Nationalsozialismus oder Kommunismus) mit einer erstaunlichen Schnelligkeit riesige Pyramiden blutiger Opfer anhäufte und so auch längst vergangene Verbrechen einholte und übertraf, die in der europäischen Geschichte von denen verübt wurden, welche die Symbole und Institutionen der traditionellen Religionen missbraucht hatten. Meistens wurde der alte kämpferische Atheismus von einem »Agnostizismus« in seinen verschiedenen Schattierungen abgelöst; manche seiner edlen Formen können ein solider Partner für die Verfechter einer »negativen Theologie« sein, die ehrfürchtig vor der undurchdringlichen Größe des göttlichen Geheimnisses schweigen, während andere Formen eher Ausdruck eines trägen oder verächtlichen Desinteresses an der Religion »und ähnlichen Fragen« zu sein scheinen.

In vielen Fällen ist jedoch das eingetreten, wovor Chesterton gewarnt hatte, dass nämlich die größte Gefahr für diejenigen, die aufhören, an Gott zu glauben, nicht darin bestünde, dass sie an nichts glauben, sondern dass sie bereit seien, *an irgendetwas* zu glauben. Die heutige Welt ist bei weitem nicht gottlos – ich habe bereits erwähnt, dass auf dem globalen Markt (oftmals sogar in den Läden, wo auch Drogen, politische Waffen oder populäre Unterhaltung angeboten werden) etwas selten so gut verkauft wird wie die »Religion«. Wenn überall von der »weltweiten Rückkehr der Religion« die Rede ist, muss aber klar benannt werden, dass vieles, was gewöhnlich unter diesem schwammigen Begriff subsumiert wird, für denjenigen, der den Glauben an den biblischen Gott ernst nimmt, keinen Grund darstellt, in triumphierenden Jubel auszubrechen. Schon zu Beginn dieses Buches habe ich eine tiefe Skepsis gegenüber der These einer »Rückkehr der Religion« geäußert. Von dem Gott, an den wir glauben, auszusagen, dass er zurückkehrt, ist eigentlich beinahe schon naiv gotteslästerlich – *es ist doch vielmehr erforderlich, dass wir zu ihm zurückkehren* ...

* * *

Unsere gegenwärtige Welt ist voll von einer ärgerlichen Form von Religion, die »äußerlich« ist, während Gott, wie wir schon von Augustinus wissen, immer *innen* ist. Um Missverständnissen vorzubeugen, möchte ich an dieser Stelle jedoch einen Gedanken anfügen: Mir schwebt hier keine pietistische oder gnostische Rückkehr zum »Tempel im Herzen« vor, in dem wir quasi wie in einem Schlupfwinkel vor der bösen Welt unser eigenes »höheres Ich« gefühlsselig anbeten könnten (ein solcher Typ von spirituellem Narzissmus verkauft sich zwar gut auf dem zeitgenössischen Esoterik-Markt, hat jedoch mit dem christlichen Glauben nichts gemein).

Von einer bemerkenswerten Form von äußerlicher Religiosität – von der unbewussten Religion der Atheisten – sprach aufgrund seiner psychoanalytischen Praxis mit großer Eindringlichkeit Jacques Lacan (sonst ein entschiedener Gegner von Religion).

Nach Lacan ist die eigentliche Formel des Atheismus nicht »Gott ist tot«, sondern »Gott ist unbewusst«[2], was ihm zufolge jedoch das Problem des Atheismus komplizierter und komplexer macht. Damit ein Mensch sich als Atheist bezeichnen könne, reiche es folglich nicht aus, zu behaupten, dass »er nicht (an Gott) glaubt«, weil der Ort seines Glaubens nicht das Bewusstsein ist, sondern das Unbewusste. »Das bedeutet nicht: ›Obwohl ich versuche Gott zu leugnen, irgendwo tief in mir glaube ich weiter.‹ Das Unbewusste ist nicht ›irgendwo in der Tiefe in mir‹, sondern draußen, in meinem Handeln, in meinen Ritualen und Interaktionen. Heißt also: Auch wenn ich subjektiv nicht glaube, glaube ich ›objektiv‹ durch meine Taten und symbolische Rituale und in ihnen. Das bedeutet auch, dass die Religion tiefer in der menschlichen Natur verankert ist, als man denkt.«[3]

Die Psychoanalyse lehrt uns, dass es Äußerungen unseres Unbewussten gerade in unserem äußerlichen Verhalten gibt (wie es die berühmte Freud'sche Analyse der Ähnlichkeit der Rituale eines obsessiven Neurotikers mit religiösen Ritualen zeigt, auf der er seine Theorie der Religion als einer »kollektiven Neurose« gründete). Ich muss hinzufügen, dass die gerade zitierte Anmerkung Lacans in den letzten Jahren meine Aufmerksamkeit für diese »Phänomenologie des Atheismus« sehr geschärft hat, also für unbewusste oder implizite Äußerungen von Religiosität bei Menschen, die sich in keiner Weise als Gläubige verstehen. Vielleicht würde auch Nietzsche, wenn er ein Jahrhundert später gelebt hätte, mit dem Blick eines Psychoanalytikers seine breite Skala an Phänomenen des »Schattens des toten Gottes« erweitern können: Nietzsche selbst sah bereits im modernen Humanismus, in der Wissenschaft, in der Demokratie, ja sogar in der Grammatik unserer Sprache ein »Überbleibsel Gottes« (nämlich die Voraussetzung, dass eine feste und unerschütterliche Werteordnung existiert, die Grundlage für Wahrheit und Moral) ...

* * *

Von einer theologischen Meditation über die Hoffnung darf man sicherlich erwarten, dass sie von dem Gedanken des »toten Gottes« und seines Schattens einmal zum »lebendigen Gott« übergeleitet wird. Aber wo ist er zu finden, wenn wir viele der Analysen Nietzsches und anderer Religionskritiker nicht übergehen können und zugleich der Ware nicht vertrauen, die unter der Parole der »Rückkehr der Religion« auf den Jahrmärkten der Gegenwart verkauft wird (und die heute, wie ich bereits erwähnte, von eifrigen Verkäufern auch schon im Tempel der katholischen Kirche angeboten wird)? Wo ist jenes »Innere«, in dem wir Gott begegnen könnten, wenn die »Oberfläche« von Götzen bewohnt wird und wenn das »Jenseits« allgemein nur als eine falsche Verheißung wahrgenommen wird?

Es sei hier an die geheimnisvollsten Verse des Buches Ijobs erinnert, an den Ausruf Ijobs in seinem Streit mit dem Herrn: »Doch ich, ich weiß: mein Erlöser lebt, als Letzter erhebt er sich über dem Staub. Ohne meine Haut, die so zerfetzte, und ohne mein Fleisch werde ich Gott schauen. Ihn selber werde ich dann für mich schauen; meine Augen werden ihn sehen, nicht mehr fremd. Danach sehnt sich mein Herz in meiner Brust.«[4] (Einer anderen möglichen Lesart zufolge lautet diese Stelle: Wen meine Augen sehen werden, wird [niemand] Fremdes sein.)

Ja, das ist das Bekenntnis auch meines Glaubens, ja, das ist der Gegenstand auch meiner Hoffnung.

* * *

Ijobs »Goel« (Bloch übersetzt diesen Begriff lieber mit »Bluträcher« denn mit dem gewöhnlichen Ausdruck »Erlöser«[5]) ist ein Verbündeter gegen den unbegreiflich harten Gott, gleichwohl ist er selbst »göttlich«, ohne dass er ein »zweiter Gott« oder ein Gegengott wäre. Es steht »Gott gegen Gott«. Zwangsläufig kommt einem hier die Luther'sche Dialektik vom verborgenen und offenbaren Gott in den Sinn – von einem Gott, der sich nur unter seinem Gegenteil (»sub contrario«) offenbart, in den Paradoxien, im entsetzlichen Paradox des Kreuzes – und die Aufforderung Luthers, »von Gott zu Gott zu fliehen«.

Es scheint, als ob hier Jung recht hätte mit seiner Behauptung, dass im Buch Ijob Gott als das Paradox der Paradoxien entblößt wird, als die *Einheit der Gegensätze*, die – mit Nietzsche gesprochen – »jenseits von Gut und Böse« steht und auf welche Weise auch immer Licht und Finsternis umschließt, eine Einheit, die wir nicht zusammen sehen können. Vielleicht erblickte und *lernte* dieses Ijob gerade in jenem Gewitter der Selbstvorstellung (und der Selbstverteidigung) des Herrn, nach der er bekennen konnte, dass er Gott endlich aus der Nähe, von Angesicht zu Angesicht gesehen habe.

Gott hat, wie bereits gesagt, in seiner Antwort auf die Klage Ijobs keine »ausreichende Erklärung« gegeben, sondern *zog Ijob in die Tiefen des Geheimnisses mit hinein*.

Dadurch ist jedoch Ijob in einen Raum eingetreten, der sich uns (noch) nicht geöffnet hat. Wir haben Gott nicht von Angesicht zu Angesicht gesehen und wissen nicht einmal, was diese Worte bedeuten – und sollten wir meinen, dass wir das wissen, ist das der Beweis dafür sei, dass wir es tatsächlich nicht wissen; erinnern wir uns an die Worte von Augustinus: »Si comprehendis, non est Deus«[6]. »Niemand hat Gott je gesehen«, steht im Prolog des Johannesevangeliums.

Im gleichen Evangelium wird allerdings behauptet, dass wir Gott sehen können, wenn wir auf Jesus schauen (»Wer mich sieht, sieht den Vater«, sagt Jesus). Vom selben Christus bekennen wir, dass »er von Toten auferstanden ist und zur Rechten des Vaters sitzt«. Dadurch hat er uns zuvorkommend in die »absolute Zukunft« überholt – *wir jedoch sind immer noch auf der Erde*, in der Position der Jünger, die »nicht verstanden, was es bedeutet, von den Toten aufzuerstehen«[7]; und sollten wir vielleicht denken, dass wir wüssten, was dieses bedeutet, dass wir es schon völlig verstanden hätten, dann wäre dies nur der Beweis dafür, dass wir es tatsächlich nicht verstanden haben.

Der Herr hat in seiner Antwort auf das Rufen Ijobs etwas getan, was wir noch nicht verstehen, wovon wir keine eigene Erfahrung besitzen. Auch die Antwort Gottes auf den Schrei Jesu am Kreuz: »Mein Gott, warum hast du mich verlassen« – jene Antwort, die wir als »Auferstehung« bezeichnen – ist nicht weniger ein blindes Greifen ins blendende Licht des Geheimnisses.[8]

Weder die Geschichte Ijobs noch die Geschichte Jesu enden wie ein Drama, nach dessen Aufführung wir mit dem angenehm erleichterten Gefühl aus dem Theater gehen könnten, dass alles noch einmal gut gegangen sei – Christus ist von den Toten auferstanden und Ijob ist gesund geworden, so dass ihm schöne Töchter geboren wurden und er schlussendlich mehr Kamele hatte als zu Beginn –, dass wir alles begriffen hätten, Beifall klatschen konnten und uns jetzt wieder etwas anderem widmen könnten. Im Gegenteil: Nur wenn wir der Versuchung widerstehen, das Ende der Passionsgeschichte und auch das Ende des Buches Ijob als beruhigendes, billiges Happyend zu begreifen, erleben wir (vielleicht), dass die Geschichte weitergehen wird – in uns.

»Ihr habt von der Ausdauer des Ijob gehört und das Ende gesehen, das der Herr herbeigeführt hat«, wird der Verfasser des Jakobusbriefs schreiben (Jak 5,11). Wir sollten die Botschaft der Hoffnung (eu-angelion, die gute Nachricht) aus den biblischen Texten nicht zu schnell ergattern wollen! Vielleicht sollten wir geduldig in der stillen Meditation dieser Texte verharren und uns damit zufriedengeben, dass uns ein volles Verständnis erst in jener Schule Gottes erwartet, in der auch wir »von Angesicht zu Angesicht« unterrichtet werden, also erst, wenn wir jenes letzte Ziel unserer Hoffnung erreichen.

***

Jetzt allerdings haben selbst wir vielleicht allzu schnell einen Schritt getan: den Schritt von der hebräischen Bibel (dem »Alten Testament«) zu den christlichen Evangelien (dem »Neuen Testament«). Ist mit dem »Goel«, dem *Erlöser* aus diesen geheimnisvollen Versen des Buchs Ijob, tatsächlich Jesus Christus gemeint?

Die ganze zweitausendjährige Tradition der christlichen Interpretation der hebräischen Bibel suggeriert uns eine positive Antwort auf diese Frage, ebenso wie die geniale Vertonung dieser Verse in der unvergleichlich ergreifenden österlichen Arie des Messias von Händel. Wir sind davon so stark geprägt, dass wir, kaum dass wir von einem Erlöser lesen, schon bereit sind, das österliche Halleluja anzustimmen.

Die vielen Gesprächen mit meinen jüdischen Freunden über all die Jahre hinweg und das Studium der jüdischen Texte einschließlich der rabbinischen Kommentare zum Buch Ijob haben mich dazu gebracht, in dieser Sache von jeder überstürzten Hast abzusehen. Übrigens sagt heute die große Mehrheit der christlichen Theologen und Exegeten der Heiligen Schrift, dass es nötig sei, zunächst respektvoll zur Kenntnis zu nehmen, wie der Text der hebräischen Bibel »sich selbst versteht«, und dass es der Respekt gebiete, aber dass es auch nützlich sein könne, auch dem zuzuhören, was die Gelehrten des auserwählten Volkes in diesem Text gefunden haben; jenem Volk also, dem dieses Buch, aus welchem die Christen dann »das Alte Testament« machten, zuerst gegeben wurde. Die Christen haben dann in das Nachdenken über die biblischen Texte aufgrund von Motiven aus dem »Neuen Testament« weitere, sekundäre Interpretationen eingebracht. Jedoch bilden auch die rabbinischen Auslegungen eine Geschichte von ständig neuen (und oft fantastisch schöpferisch und schöpferisch fantastischen) Reinterpretationen der biblischen Texte.

Die alte israelitische Religion ist in gewisser Weise in den Ruinen des Jerusalemer Tempels verbrannt, der im Jahre 70 nach Christus von den Römern verwüstet wurde; sie ist aber in Gestalt des rabbinischen Judentums auf bewundernswerte Weise aus dieser Asche wiederauferstanden. Das rabbinische Judentum musste in vielem die ganze jüdische Religion und viele biblische Texte radikal neu interpretieren (damit fromme Juden zum Beispiel den Altar des vernichteten Tempels durch den Tisch der jüdischen Familie ersetzen konnten – und die ritualisierte Religion des Opferkults am Tempel durch eine Religion des Gebets, Studiums und des Bewahrens der *Mitzwot*, der Gebote). Es ist interessant, dass parallel dazu ungefähr zur selben Zeit aus den Ruinen des alten Judentums (und auch aus der Entscheidung heraus, das Kreuz Jesu nicht als ein Scheitern zu begreifen, aus dem Zeugnis von der »Auferstehung« Jesu heraus) das Christentum geboren wird. Auch dieses bildet seine eigene Hermeneutik aus, seine eigene neue Lesart der hebräischen Bibel – es sucht und findet in ihr Aussagen, die auf den hinweisen, in welchem die Christen den Messias der Juden erkannten und schon bald (vor allem dank Paulus) auch den Heiland aller Nationen.

Das Judentum verbrannte fast zwei Jahrtausende später noch einmal in den Krematorien des Holocausts, aber schon bald wird aus dem neuen »Rest Israels« eine neue hebräische Theologie und Philosophie geboren – und parallel zu ihr, so erscheint es mir, auch eine neue Theologie und Spiritualität des Christentums. Beide Zweige müssen, wie das jüdische und christliche philosophisch-theologische Suchen eines »Gottes nach Auschwitz«[9] zeigen, nicht mehr derart getrennt schreiten, wie es – jedoch nicht ohne bedeutsame Ausnahmen! – in den letzten beiden Jahrtausenden der Fall war. Es ist sicher kein Zufall, dass die katholische Kirche von einem Papst über die Schwelle zum dritten Jahrtausend geführt wurde, der die Brüderlichkeit von Christen und Juden mehr betont hat als alle Nachfolger Petri vor ihm zusammen; vielleicht können wir auch deshalb mit ihm diese Zeit, trotz aller ihrer tragischen Züge, als »Schwelle der Hoffnung« begreifen. Noch ist es jedoch vonnöten, viel dafür zu tun, damit dieses Zeichen der Hoffnung Wurzeln schlagen und Früchte tragen kann!

* * *

Nach all dem Gesagten kann ich gestehen, dass Ijobs hoffnungsvolle Worte vom »Erlöser, der sich über dem Staub erhebt« es mir ermöglichen, den Gott zu sehen, der hier *für mich da sein wird*, dass sie mir helfen, meine Hoffnung auf Christus in Worte zu fassen und tiefer zu begreifen: auf den Menschen Jesus, den ich als *Emmanuel* wahrnehme und annehme – den Gott mit uns und *für uns*.

Ich glaube, dass Jesus, mein *Goel*, lebt – auch wenn ich mir stets bewusst bin und eingestehen muss, dass ich hier und jetzt, auf dieser Erde und in diesem Leben, wirklich nur bis zu einem ganz geringen Grade und schwerlich verstehen kann, wie und wo er lebt. *Ich weiß nicht*, was es bedeutet, dass »er beim Vater lebt«, aber ich habe die *Hoffnung*, dass dies auf irgendeine Art und Weise zu dem analog ist, wie er jetzt mit uns in diesem Leben und auf dieser Erde lebt. (Oder ist das sogar dasselbe? Gilt *für ihn* denn jetzt nicht mehr das, was für uns gerade der Gegenstand der Hoffnung ist – »wie im Himmel, so auf Erden«?)

Wie er selbst prophezeite, wie mich die Kirche lehrt und wie ich es vielmals wirklich intensiv erleben konnte, ist er dort lebendig, wo zwei oder drei in seinem Namen versammelt sind, er lebt in der Verkündigung und im Feiern seiner Kirche, in der Schrift und in den Sakramenten. Und er begleitet auch diejenigen, die sich wie die Jünger auf dem Weg nach Emmaus ernste und schmerzhafte Fragen stellen, die von der Hoffnung schon in der Vergangenheitsform sprechen (»Wir aber hatten gehofft ...«); er eröffnet ihnen die Schrift und entzündet ihre Herzen, er lehnt es nicht ab, unter ihr Dach einzukehren, als es Abend wird – aber häufig verschwindet er auch plötzlich, ähnlich wie in Emmaus, wenn er das Gefühl hat, dass sie ihn schon erkannten.[10] Er gibt uns manchmal die Möglichkeit, die Freude und das Licht des Begreifens zu erleben, wie die Apostel auf dem Berg Tabor, jedoch erlaubt er uns nicht, sich in diesem Licht dauerhaft häuslich einzurichten, »sich dort drei Hütten zu bauen«; es scheint sogar so, als ob er in die Intimität und die Ekstase des strahlenden Lichtes auf dem Berg gerade diejenigen emporhebt, die er dann wiederum in das Tal der Finsternis und der Angst von Getsemani eingeladen wird.

Sicherlich gibt es viele Erfahrungen des Glaubens und des Lebens aus dem Glauben, in denen unser Leben durchdrungen wird von etwas aus jenem »Sein beim Vater« – wie von einem »Strahl, der durch einen Spalt unter der verschlossenen Tür« hindurchdringt.

Darauf hoffe ich: dass sich diese Tür für uns einmal weit öffnen wird.

Anmerkungen

[1] Im 20. Jahrhundert war es insbesondere Paul Tillich, der – im Geiste Meister Eckharts – nachdrücklich daran erinnerte, dass der Gott des christlichen Glaubens ein »Gott über dem Gott des Theismus« ist.

[2] Lacan, J., Die vier Grundbegriffe der Psychoanalyse (Das Seminar von Jaques Lacan XI (1964)), Kap. V., Olten/Freiburg i. Br. 1978, S. 65.

[3] Lacan, XI. Seminar 1963–4, zitiert nach Žižek, S. / Milbank, J., The Monstrosity of Christ – Paradox or Dialectic? Cambridge 2009, S. 297.

[4] Ijob, 19,25–27.

[5] Wahrscheinlich wäre die exakteste Übersetzung »Retter«. Wenn wir den Ausdruck »Erlöser« wählen, sollten wir uns seines juristischen Kontextes im Sinne eines »Lösers« bewusst sein und nicht übereilt das christliche Verständnis des »Erlösers« hier hineintragen.

[6] Frei übersetzt: Wenn du von etwas meinst, dass du es begriffen hast, dann ist es nicht Gott.

[7] Vgl. Mk 9,10; Lk 18,34 u. a.

[8] Einigen Kommentaren zufolge zitiert Jesus hier den Anfang von Psalm 22, der jedoch mit einem Ausdruck von Hoffnung endet.

[9] Kenner des modernen Judentums behaupten jedoch, dass die »Theologie nach Auschwitz« im Christentum viel verbreiteter sei als im Judentum und dass die jüdischen Denker, die sich mit diesem Thema beschäftigen, eher im christlichen als im jüdischen Umfeld akzeptiert würden.

[10] Vgl. Lk 24,13–35.

13. Der Strahl unter der verschlossenen Tür

Kommen wir noch einmal darauf zurück, was wir bei der Betrachtung des Buchs Ijob gelernt haben. Auf das Geheimnis des Leids lässt sich keine einfache und eindeutige, auch noch so fromm klingende Antwort geben. Die Spannung zwischen der göttlichen Güte und Macht und der Erfahrung der menschlichen Ohnmacht lässt sich weder mit raffinierten Theorien zur »Verteidigung Gottes« noch mit dem »Wegstreichen Gottes«, noch damit lösen, dass die Schuld auf den Menschen abgewälzt wird; sie ist ein Paradox, mit dem wir lernen müssen zu leben, und der Glaube ist – um mit Kierkegaard zu sprechen – eher ein mutiger Sprung ins Herz dieses Paradoxons als eine einfache Erklärung all dieser Rätsel. Die Theologie, so wurde einmal schön gesagt, sollte eher Maria ähneln, die still zu den Füßen des Herrn sitzt, als Delila, die dem Samson dessen Geheimnis entlockte.

Streiten und Ringen mit Gott sind innerhalb der Welt des Glaubens möglich, und vielleicht gerade dort. Das konnten wir bei der Lektüre des Buches Ijob, aber auch anderer Bibelstellen feststellen. Wenn uns angesichts des Bösen Zweifel und Empörung schütteln, dann helfen uns keine spitzfindigen Theorien weiter; Partner für solche Fragen kann jedoch der lebendige Gott sein. Alternative Götter sind unzuverlässig, nichtig; und die Leugnung Gottes hilft auch nicht viel weiter. Bereits mehrmals sind wir darauf zu sprechen gekommen, dass ein Atheist, der mit seinem Atheismus gegen die Ungerechtigkeit und gegen das Böse in der Welt protestiert, gerade durch diesen Protest seinen Atheismus verneint: Er beruft sich nämlich auf eine sinnvolle und gute Ordnung der Dinge (also auf das, was traditionell mit dem Wort Gott benannt wird, auch wenn er dies eventuell ganz anders nennen mag). Wenn das grundlegende Dogma des atheistischen Glaubens tatsächlich gelten und somit keine solche sinnvolle Ordnung des Weltalls existieren würde, müsste man alles nur zur Kenntnis nehmen. Jeglicher Protest wäre dann absurd und vergebens. Alle leidenschaftlichen Proteste gegen das Böse in unserer Welt sind eigentlich eine bedeutsame Form eines Glaubensbekenntnisses, eines Schreis zu Gott, wenn auch häufig zu einem »unbekannten Gott«. Aber, was ich bereits in anderen meiner Bücher zu zeigen versuchte: »Bekannte Götter« sind eigentlich keine Götter. Gott ist ein Geheimnis, und zwar nicht »irgendein Geheimnis«, sondern das zentrale Geheimnis der Wirklichkeit.

Die Rede des Herrn gegen Ende des Buches Ijob zeigt trotz all ihrer Rätselhaftigkeit eine Sache deutlich: Gott befindet sich nicht im Direktorenzimmer der Schöpfung, von wo aus er das Drama des Lebens, der Natur und der Geschichte *von außen* verfolgen würde, er befindet sich *inmitten* dieses Dramas, »er spricht aus dem Wettersturm«. Und dadurch ist er uns nah, weil auch wir nicht aus den Wetterstürmen des Lebens aussteigen können, auch wenn wir uns darum mit den verschiedensten (auch religiösen) Tricks bemühen. Und es ist uns vor allem nicht gegeben, auf die Brücke des Schiffs des Lebens zu klettern und von dort aus wie ein Kapitän alles übersehen und »objektiv bewerten« zu können.

Auf die Frage aus dem Buch Ijob, ob der Regen einen Vater habe, können wir nicht einfach antworten, dass »Gott der Vater des Regens ist«. Der biblische Schöpfer ist in seiner Schöpfung: Gott ist sowohl der Regen als auch im Regen, und er ist auch in jenen Landschaften, auf die der Regen fällt, obgleich sie menschenleer sind. Gott ist kein Regenschirm, der uns im Regen des Leids beschützen würde, und häufig reicht er uns nicht einmal einen solchen Regenschirm; wenn wir jedoch durch den Platzregen des Schmerzes laufen müssen, steht er an unserer Seite, auch wenn wir ihn aufgrund des Unwetters lange nicht wahrnehmen. Der biblische Glaube an Gott ist zwar kein Pantheismus: Gott ist nicht Natur, wie Spinoza meinte, Gott ist auch nicht die Geschichte und die Geschichte ist nicht Gott, wie es viele aus Hegel herauslasen; Gott ist jedoch in der Natur und in der Geschichte und die Natur und die Geschichte sind in ihm.

Gott ist nicht auf der Erdoberfläche und er ist auch nicht im Jenseits, vor dem sich Nietzsche so ekelte (und zwar zu Recht, insofern er in ihm nur ein feiges Asyl vor der Verantwortung für die Welt gesehen hat). Gott ist auch nicht im Himmel, den Heine »den Engeln und den Spatzen« zu überlassen empfahl. Und wenn ich sage, dass er *inwendig* ist, habe ich nicht den pietistischen Tempel im Herzen im Sinn, wie ich bereits erklärt habe.

Gott ist die Tiefe der Wirklichkeit; ich stimme mit Tillich überein, dass derjenige, der »von der Tiefe weiß, von

Gott weiß«. Tiefe ist in diesem Fall nicht das Gegenteil von Höhe, sondern das Gegenteil von Seichtheit und Oberflächlichkeit. Insoweit wir in unserem Leben und bei unserem Begreifen des Lebens und im Verständnis der Welt die Versuchung zur Seichtheit und Oberflächlichkeit überschreiten, befinden wir uns auf dem Weg, der zur Wohnstatt des Lichts führt.[1]

Dieser Weg von der Oberfläche in die Tiefe ist jedoch kein elitärer Pfad der esoterischen »Weisheit«, welche die frühere und die zeitgenössische Gnosis anbieten; mehr als das Wissen (gnosis) der »Erleuchteten« führen auf ihm die Sehnsucht und der Durst, die im Gebet artikuliert werden.

**

Das Gebet ist eine Möglichkeit zu leben. Wir können beten oder wir können das Beten vergessen. Wir können uns entscheiden, schreibt in einem ähnlichen Zusammenhang der Rabbiner Lawrence Kushner, »dass wir uns jenen kaum hörbaren Laut bewusst machen, den wir von uns geben, wenn wir unwillkürlich unsere Lunge leeren und sie wieder mit Luft füllen, diesen Laut, dank dessen wir am Leben sind. Oder wir können ihn ignorieren oder ihn für selbstverständlich halten. Das Einzige, was wir in diesem Fall einbüßen, wird das Bewusstwerden unseres Selbst sein, das Gefühl, dass wir leben.«[2] Wenn das *Bewusstwerden* des Lebens nicht nur mit Staunen verbunden ist, sondern auch mit Dankbarkeit, wenn es mich lehrt, das Leben als ein Geschenk wahrzunehmen, ist das bereits ein Gebet.

Wenn ich nicht meditieren, nicht beten würde, wenn ich überhaupt nicht von Gott wüsste, würde sich mein Leben vielleicht gar nicht so sehr verändern, müsste ich vielleicht nicht unbedingt ein schlechterer oder weniger glücklicher Mensch sein. Damit jemand ein anständiger Mensch ist, muss er nicht notwendig ein gläubiger Mensch sein. Aber was ich sicher einbüßen würde, ist jenes Bewusstwerden und Erleben, dass das Leben zum einen keine Selbstverständlichkeit ist, sondern ein Geschenk, und zum anderen, dass es kein »Monolog« ist, sondern *ein Dialog sein kann*. Ja, gerade im Gebet wird das Leben explizit zu einem Dialog. Und ein Leben, *das als Dialog erfahren wird*, als ein Zusammenspiel von Zuhören und Antworten, verwandelt sich selbst in ein Gebet.

Das Gebet ist kein Mittel zum Erreichen beliebiger (seien es materielle oder »geistige«) Ziele oder Güter, denn dann wäre es Magie, also das Gegenteil eines Gebets. Das Beten als ein bestimmter Lebensakt erhält seine Wahrhaftigkeit erst im Kontext eines Lebens, das als Dialog gelebt wird, aber im Moment des Betens wird dieser Kontext nicht nur vergegenwärtigt, in Erinnerung gerufen und bewusst artikuliert, sondern gleichzeitig geformt, gebildet und gestaltet.

Gewiss dürfen wir im Gebet unsere Wünsche, Bitten, Sehnsüchte, Sorgen und Ängste aussprechen und vortragen (wahrscheinlich tut dies so gut wie jeder Betende zumindest manchmal) und gewiss werden diese Wünsche und Bitten auch in vielen Fällen erhört; jedoch ist dies nur eine »untere Ebene« des Gebetes, die seinen wirklichen Charakter nicht verdecken sollte. Das Gebet ist nämlich seinem Wesen nach ein *Akt der Hoffnung*, ein Ausdruck von Hoffnung. Es geht hier nicht um die »kleine Hoffnung« im Sinne einer Erwartung der Erfüllung unserer einzelnen konkreten Wünsche (da würde sich die Karikatur der Hoffnung, der »Optimismus«, in uns breitmachen).

Die wirkliche Hoffnung zielt auf etwas, das sie selbst nicht versteht, auf eine so große Wirklichkeit, dass sie nicht einmal in der Lage ist, diese zu benennen. Deshalb schreibt Paulus über das christliche Gebet: »Denn wir wissen nicht, worum wir in rechter Weise beten sollen.« Und er fügt hinzu: Der Geist selber tritt jedoch für uns ein mit Seufzen, das wir nicht in Worte fassen können. Ja: Wenn die Hoffnung betet, betet sie mit einem Seufzen, das wir nicht in Worte fassen können.[3]

Paulus behauptet, dass in uns und durch uns »die ganze Schöpfung« sehnsüchtig zu Gott seufzt. (Westliche Touristen können häufig ein ironisches Lächeln nicht unterdrücken, wenn sie in asiatischen Ländern Gläubige sehen – höchstwahrscheinlich »Buddhisten« oder »Hindus«, sofern diese Etiketten irgendeinen Sinn haben –, die beim Eintritt in den Tempel mit einer flüchtigen Berührung die Gebetsmühlen in Gang bringen: Was hat dieser Mechanismus mit einem Gebet oder mit Frömmigkeit gemeinsam? Mit einem Mal jedoch ist mir dieses Lächeln schamhaft erloschen, als ich mir die Frage stellte, ob diese Geste nicht einfach ein Ausdruck des Vertrauens ist, dass das Gebet schon da ist, dass *mit dem Gebet das ganze Sein atmet* und der Mensch sich nur auf die Wahrnehmung dieser stillen Melodie »einstimmen« muss, sich – vielleicht auch mit dieser kleinen Geste – dem Hauch der »stillen Brise« öffnen kann, die er selbst in keiner Weise bewirken oder beeinflussen kann. Die Stille der Meditation kann ein Raum sein, um jenem unaussprechlichen sehnsüchtigen Flüstern der ganzen Schöpfung zu lauschen. Gerade die Stille kann dessen Artikulation sein, kann gerade das Aussprechen des Unaussprechlichen sein.)

»Denn die ganze Schöpfung wartet sehnsüchtig auf das Offenbarwerden der Söhne Gottes. Die Schöpfung ist der Vergänglichkeit unterworfen, nicht aus eigenem Willen, sondern durch den, der sie unterworfen hat; aber zugleich gab er ihr Hoffnung: Auch die Schöpfung soll von der Sklaverei und Verlorenheit befreit werden zur Freiheit und Herrlichkeit der Kinder Gottes.« (Röm 8,19–21)

In diesem Zusammenhang sagt Paulus den tiefsten Satz der neutestamentlichen Theologie der Hoffnung: Durch die Hoffnung sind wir erlöst. Und er fügt hinzu: »Hoffnung aber, die man schon erfüllt sieht, ist keine Hoffnung. Wie kann man auf etwas hoffen, das man sieht? Hoffen wir aber auf das, was wir nicht sehen, dann harren wir aus in Geduld.« (Röm 8,24f)

Das Gebet ist die Schule der Hoffnung,[4] die Schule eines geduldigen Ausschauhaltens, die Schule des Wartens, die Schule einer unendlichen Ausdauer in der Sehnsucht. Und gerade die *Unendlichkeit* der Ausdauer unterscheidet die Hoffnung, diese »göttliche Tugend«, von jenem menschlichen, allzu menschlichen Wollen, vom »Optimismus« und von Illusionen. Diese sind auf das »Endliche« bezogen – die wirkliche Hoffnung jedoch übersteigt den

Horizont der endlichen Ziele »dieser Welt« und richtet sich auf das Äußerste, auf das Letzte hin aus.

* * *

Die christliche Hoffnung ist eine eschatologische Hoffnung. Das bedeutet nicht, dass sie mit den Bedürfnissen und Sehnsüchten der Söhne und Töchter der Welt nicht solidarisch ist (die wir alle sind, auch die Erwählung durch Jesus nimmt die Menschen nicht »aus der Welt«[5]). Dies bedeutet nicht, dass die Hoffnung eine Flucht aus der Verantwortung für die Welt bietet, ein »Entkommen ins Jenseits«. Auch bedeutet dies nicht, dass es sich bei ihr einfach um eine gewisse Verlängerung der irdischen Hoffnungen handelt (ebenso wenig wie die Ewigkeit eine Verlängerung der Zeit ist).

Ein Moment des tragischen Versagens der christlichen Verkündigung der Hoffnung – welches dazu beigetragen hat, dass das Christentum für viele Menschen unglaubwürdig wurde – besteht in der »Privatisierung der Eschatologie«, der Verwechslung der wunderschönen Vision des »himmlischen Jerusalems«, des »neuen Himmels und der neuen Erde«, jenes Festmahls der vollendeten Schöpfung, bei dem ein starker und wirklich *neuer Wein aus neuen Schläuchen* fließen wird und wo es »keinen Tempel geben wird«[6], mit der Verheißung einer verlässlichen Versorgung unserer privaten »Seele«, kaum dass über unserem Körper der Sargdeckel zuklappt. Als fleißiger Bibelleser kann ich nicht viele Gründe dafür erkennen, dass ich auf Begräbnissen dem Traum entgegengehen würde, auf den grünen

Auen der himmlischen Ewigkeit augenblicklich unseren Verstorbenen wiederzusehen und dabei sofort den Trennungsschmerz, der uns während des – jetzt beendeten – Urlaubs in der irdischen Zeit plagte, vergessen zu können, auch wenn ich mir aufrichtig wünschen würde, dass dies wahr wäre. Aber wir *wissen* über diese Dinge *nichts* und auch die Bibel behebt unsere Unwissenheit über das »Wie« unserer Existenz nach dem Tod nicht. Die Vielfalt und die Verschiedenheit der biblischen apokalyptischen Aussagen zeigen, dass es sich bei ihnen um imaginäre Bilder, nicht um präzise »Szenarien« handelt; darüber hinaus schildert die Mehrheit von ihnen eher das Drama des Endes (des Endes der *Welt*, nicht unseres individuellen Lebens, denn darauf richtet sich das Interesse der Bibel!) und nur im Ausnahmefall das, was nach diesem Ende folgt. Was in diesen Texten jedoch offensichtlich ist, ist die Botschaft der Hoffnung, dass Gott dieses Ende in einen radikal neuen Anfang verändert (dass es keine Wiederholung, keine Wiederkehr des ewig Gleichen geben wird). Das ungeduldige Ausschauhalten nach dem himmlischen Jerusalem, welches für viele Zuhörer Jesu und einige Christen der ersten Generationen einschließlich der Autoren der neutestamentlichen Schriften das Alpha und Omega des Glaubens ausmachte, endete zu der Zeit, als die Christen in dem Römischen Reich heimisch wurden. Damals ist ihre Rolle als politische und religiöse Dissidenten zu Ende gegangen (und dieses Dissidententum hing eng mit dem apokalyptischen Charakter ihrer Hoffnung zusammen) und die christliche Eschatologie, die bis dahin das Herz des christlichen Glaubens war, veränderte sich radikal: Hatte man sich bis dahin stillschweigend auf die Hoffnung auf das nahe Ende der Welt und die zweite Ankunft des Herrn verlassen, wurde dies nun ersetzt von der Sorge darum, wie man nach dem Tod in den Himmel gelangen könne (und zwar ein jeder für sich, sozusagen »jeder nach seinen Verdiensten«). Die Kirche wurde so jedoch in keinem geringen Maße von einer pilgernden Gruppe zu einer Versicherungsagentur, die viele Angebote dazu machte, wie man sich so zuverlässig wie möglich einen Platz im Himmel sichern könne.

Als die Reformation eine ganze Reihe dieser Hilfsmittel mutig strich, öffnete sich nicht nur ein Raum für den Glauben als eines mutigen Sprunges in das Paradox des Kreuzes, so wie es sich Luther und nach ihm Kierkegaard vorstellten, sondern für eine weitaus größere Menge von Menschen ein Raum der Leere, die Angst hervorrief und die Ideologen und Utopisten der Neuzeit anlockte, um diese Leere mit ihren Versprechungen und Angeboten zu füllen. Heute allerdings lässt sich über den Marktständen der neuzeitlichen Hoffnungen die Aufschrift anbringen: Totalausverkauf wegen Geschäftsaufgabe – radikal gesenkte Preise!

(Manche Verkünder der »christlichen Hoffnung« wiederholen jedoch bis heute nur die Vorstellungen aus den Zeiten der »konstantinischen Ära« des Christentums, so, als hätte sich in der Welt seither nichts verändert.)

Diese Jahrhunderte aber zu überspringen und zur eschatologischen Euphorie der Urchristen zurückzukehren (wie es viele Sekten versuchen, die das Datum des drohenden nahen Endes der Welt ausrechnen) ist auch nicht möglich. Die »Rückkehr zur Reinheit des Evangeliums«, zur Schlichtheit der Urkirche u.Ä. – das sind und waren immer schon naive Illusionen. Das Christentum ist und war immer schon eine synkretistische Religion, zusammengewachsen aus einer Reihe von verschiedenen Merkmalen. Es wurde bereits als solche geboren: Es sprudelte hervor aus den Ruinen der alten israelitischen Religion mit ihren vielen Quellen, von denen die mächtigste die paulinische ursprüngliche Philosophie der Freiheit und der Universalität war (als Antithese zum legalistischen Judenchristentum der Mehrheit der ersten Apostel). Daneben ist die johanneische Mystik zu nennen, die Jesus als das ewige und definitive Wort sah (und es somit ermöglichte, den Glauben auf die hellenistische Logos-Philosophie aufzupropfen). Die paulinische Ursprünglichkeit wurde jedoch bald vom Strom des griechischen metaphysischen und des lateinischen moralisch-juristischen Denkens überdeckt; die Versuche, an sie anzuknüpfen und sie zu radikalisieren (sei es bei Markion, Luther oder in gewissem Sinne auch bei Nietzsche[7]), endeten meistens mit einem dramatischen Bruch mit dem traditionellen kirchlichen Christentum.

Autoren wie Paul Jenkins sagen voraus (und die Statistiken geben ihnen recht), dass das Christentum schon bald wieder radikal sein Gesicht dadurch verändern wird, dass sich seine Schwerpunkte vom westlichen Kulturraum nach Asien, Afrika und Lateinamerika verschieben werden. Diese kulturelle Rekontextualisierung wird einen grundlegenden Einfluss auf die künftige Theologie und Spiritualität haben, weil das Zeitalter des gehorsamen kolonialen Nachahmens euroamerikanischer Modelle vorüber ist.

Darüber, welche Gestalt die christliche Eschatologie in der Zukunft haben wird, welchen Platz sie im Denken, in der Spiritualität und in der Lebenspraxis der Christen des dritten Jahrtausends einnehmen wird und ob von hier aus ein neuer Impuls der Hoffnung auch für unsere Zivilisation hervorgeht – über all das können wir heute nur spekulieren und vielleicht erste Anzeichen beobachten …

Wird diese gerade kreißende Gestalt des Christentums einen neuen und überzeugenden Schlüssel der Hoffnung bieten, einen Schlüssel zu dem Tor, das kein anderer Schlüssel öffnen kann als der Schlüssel zu jener Zukunft, die sich dort öffnet, wo die »Welt« mit keiner Zukunft mehr rechnet? Die Zukunft ist immer der »Strahl unter der verschlossenen Tür hindurch«.

* * *

Das Leben besteht aus einem Strom von Prüfungen aller Art; manchmal scheint es, als ob es eine permanente Prüfung im Fach »Hoffnung« ist. Der Ort, an dem diese Prüfung dann für gewöhnlich außerordentlich schwierig wird, ist die Tür des Todes.

Mit dem eigenen Tod und auch mit dem, was auf ihn folgt, konnte noch niemand Erfahrungen machen (und auch jene heute so populäre Schilderungen von Erlebnissen aus dem »Zustand des klinischen Todes« sind höchstens als Schilderungen aus dem Vorraum zum Tod anzusehen);

der Tod ist für uns ein verschlossenes Tor. Vor ihm türmen sich unbenutzbare »Dietriche« – Illusionen und Phantasien, aber auch Versuche, den Tod zu bagatellisieren, zu karikieren, lächerlich zu machen, oder im Gegensatz dazu, ihm zu huldigen und so der Kälte, die wir so oft in der Nähe des Todes spüren und die uns bis ins Mark erzittern lässt, zu entfliehen.

Auch die »christliche Hoffnung« (die Hoffnung vieler Christen aus vielen Generationen) konnte es an dieser Stelle oft nicht aushalten, geduldig zu schweigen und ist unvernünftigerweise geschwätzig geworden, ganz so, wie es die frommen Freunde Ijobs wurden. Ihr genügte nicht die Zusage Christi: »Ich bin die Auferstehung und das Leben«. Sie begann, von den Schönheiten der himmlischen Paläste und den Schrecken der Folterkammern der Hölle zu phantasieren (und auch so große Denker wie Augustinus ließen sich zu schrecklichen Aussagen hinreißen, zum Beispiel, dass zur Glückseligkeit der Bewohner des Himmels der Blick auf die ewigen Strafen der Verdammten gehöre).

Wie ich bereits in den vorangegangenen Jahren geschrieben habe, vermute ich, dass gerade diese unangebrachte Phantasie und die Ungeduld vieler frommer Menschen wesentlich zur Krise und zur Diskreditierung der christlichen Hoffnung (und des Glaubens allgemein) beigetragen haben. In dem Moment, als die Gräuel, aber auch die Attraktionen der Moderne die Vorstellungen von der Hölle lächerlich gemacht haben und die Vorstellungen vom Himmel erblassen ließen, schütteten die Menschen mit dem Bade dieser Phantasien auch das Kind aus – die lebendige eschatologische Hoffnung und das Vertrauen.

Der Mensch hat seine Hoffnung an »diese Welt« geheftet. Weil man jedoch die menschliche Hoffnung offensichtlich nicht von der »Neigung zur Unendlichkeit« und der Sehnsucht nach dem Absoluten befreien kann, begann die Hoffnung, als sie ihr eschatologisches Ziel abgeschüttelt hatte, sich in ihrer Erwartung und mit ihren Ansprüchen mit einer derart großen Intensität auf Ziele in der Welt auszurichten, dass dies notwendig zur Frustration führen musste. Wenn der Mensch von relativen und endlichen Sachen Absolutheit einfordert, dann verabsolutiert er entweder diese relativen Werte und erschafft so Götzen oder er gerät in einen Teufelskreis von Überforderung seiner Kräfte, von unrealistischen Erwartungen und ständig wiederkehrenden Ernüchterungen und Enttäuschungen.

***

Einen Ausweg aus der Sackgasse des christlichen Nachdenkens über die »letzten Dinge« des Menschen und der Welt sehe ich in einer »negativen Eschatologie« – analog also zur »negativen Theologie«, welche über Gott nur das auszusagen vermag, was er nicht ist (und wenn die Theologie dennoch versucht, Aussagen darüber zu treffen, was er ist, muss sie sich bewusst sein, dass sie sich im Reich der Metaphern, Bilder, Analogien, Paradoxien, »Sprachspiele« u.Ä. befindet). Eine solche negative Eschatologie könnte uns also nur Auskunft darüber geben, was die »Ewigkeit« nicht ist.

Dadurch wäre die Reinheit der eschatologischen Hoffnung nicht nur von der sie diskreditierenden Belastungen durch die Projektionen der Wünsche und Ängste befreit, sondern auch viele ideologische Ersatzstoffe für die Hoffnung (wie Verheißungen eines »Himmels auf Erden«, der mit irdischen Mitteln erreicht wird, wie der »Fortschritt von Wissenschaft und Technik« oder die »Revolution« u.Ä.) würden ihrer falschen und verführenden Aura enthoben. Und schließlich würde dies deutlich machen, dass wir keinem Zustand der Gesellschaft (oder der Kirche) einen Status der Vollkommenheit zuerkennen dürfen; zu keinem Augenblick der Geschichte dürfen wir sagen, wozu Mephisto Goethes Faust verführte: Verweile doch! Du bist so schön! Der Christ bleibt bis zum letzten Atemzug ein »homo viator«, ein Pilger. Die Kirche ist hier auf Erden die »communio viatorum«, eine Pilgergemeinschaft – sie soll nicht auf sich selbst zeigen, sondern von sich weg verweisen auf jenes Ziel, das hinter allen irdischen Zielen liegt. Dieses Hinweisen darf aber nicht zu einem Alibi werden, zu einem Abschieben von Verantwortung, zu einer phantastischen Flucht ins Jenseits, sondern es soll die Quelle der Kraft und der Ausdauer auf dem Weg sein. Der Glauben ist das »Viaticum«, die Wegzehrung, die Speise auf der Reise – genau das Gegenteil eines einschläfernden Opiums!

In jedem Augenblick, in dem wir auf der Pilgerfahrt des Lebens und der Geschichte erstarren, sei es aus Resignation und Verzweiflung oder weil wir von einer scheinbaren Vollkommenheit fasziniert sind, ist es notwendig, auf dieselbe Stimme zu hören, die Elija befahl: Steh auf, du hast noch einen weiten Weg vor dir!

* * *

Wir verfügen nicht über Erfahrungen mit dem eigenen Tod, aber viele von uns sehr wohl mit dem Tod ihrer nächsten Angehörigen. Auf diese Erfahrung konzentrierte sich Gabriel Marcel in seiner Philosophie der Hoffnung und er sprach einen wunderbaren Satz aus: »Einen Menschen lieben heißt sagen, du wirst nicht sterben.« (Auch meine *Hoffnung*, dass der Tod uns unsere Lieben nicht für immer nehmen wird, ist auf einen wunderbaren Satz gestützt, nämlich einen Vers aus dem Hohelied, der besagt, dass die Liebe stark ist wie der Tod – oder nach anderen Übersetzungen: stärker als der Tod.)

Und selbst wenn wir uns mit einer oberflächlichen Auslegung des Satzes von Marcel zufriedengeben würden, nämlich: »Du wirst weiterleben in meinem Gedächtnis, in meinen Erinnerungen«, können wir uns auch von diesem Gedanken noch weiter emporheben lassen. Bedeutet die Hoffnung auf Ewigkeit, die Bestandteil der christlichen Hoffnung ist, einfach die Absicherung, dass wir, wenn die Erinnerung an uns in den Gedanken des letzten Menschen erlöschen wird, der uns noch persönlich gekannt oder von uns gehört hat, trotzdem *in einem Gedächtnis gespeichert bleiben*, das nicht erlöscht, in jenem Gedächtnis, das wir Gott nennen?

Mein Vertrauen auf Gott als ein niemals erlöschendes Gedächtnis bringt mir das nah, was der Philosoph Robert

Spaemann vor nicht allzu langer Zeit als einen »Gottesbeweis aus dem Futurum exactum«[8] vorlegte. Vereinfacht gesagt bedeutet dieser: Die Tatsache, dass du heute diese Zeilen gelesen hast, ist wahr; sie wird auch morgen und noch lange danach wahr sein, wenn du dieses Buch bereits völlig vergessen hast, sogar dann, wenn du nicht mehr leben wirst und wenn auch der letzte Mensch, der deinen Namen kannte, dich vergessen haben wird. Von etwas, das tatsächlich geschehen ist, können wir nicht sagen, dass es irgendwann in der Zukunft aufhören wird, wahr zu sein. Das Gegenwärtige bleibt als die Vergangenheit der zukünftigen Gegenwart stets gegenwärtig. Was garantiert jedoch diese Wirklichkeit? Es sind nicht die Spuren, die diese Wirklichkeit hinterlassen konnte; denn sie wird auch dann Wirklichkeit sein, wenn alle diese Spuren definitiv verweht sind. Die Tatsache, dass die Vergangenheit beständig der Gegenwart angehört, deren Vergangenheit sie ist, unabhängig davon, ob an sie erinnert wird, setzt die Gegenwart eines »ewigen Bewusstseins« voraus. Zu behaupten, dass etwas, was heute geschehen ist, irgendwann in einer wie weit auch immer entfernten Zukunft *nicht mehr wahr sein wird*, macht keinen Sinn, ist undenkbar. Ereignisse können verziehen, vergessen, geleugnet oder uminterpretiert, jedoch nicht »ungeschehen gemacht« werden. Sie können in unserem (bzw. in jedem beliebigen menschlichen) Bewusstsein nicht mehr präsent sein, sie können jedoch nicht ihre Wahrheit und ihre Wirklichkeit verlieren.[9] Die Wirklichkeit des Vergangenen, die ewige Wahrhaftigkeit jeder Wahrheit (nicht unsere Sichtweise auf ein Geschehen, sondern das, was wirklich geschehen ist), setzt ein absolutes Bewusstsein voraus – mit anderen Worten: ein »absolutes Gedächtnis«.

Besteht nicht die tiefste Angst vor dem Tod eigentlich in der Angst, vergessen zu werden? Wie gut kann ich den Aufschrei des »guten Schächers« verstehen, der an Jesu Seite stirbt: »Jesus, denk *an mich*, wenn du in dein Reich kommst«[10], in das »Himmlische Jerusalem«. Gott – als den Überwinder des Todes und unsere absolute Zukunft, als die äußerste Quelle und den äußersten Fluchtpunkt unserer Hoffnung – können wir uns als ein unermessliches Gedächtnis vorstellen, in dem genug Raum für uns und für all das ist, womit uns eine echte Liebe verbindet.

Wenn ich schon das Gefühl habe, dass ich über das, was hinter der Tür des Todes und dem Tor der Geschichte ist, nichts wissen und nichts aussagen kann, so kann ich aber glauben und bekennen: Gott ist die Liebe, die zu mir sagt: Habe keine Angst, du geliebtes Geschöpf, du wirst nicht sterben. Du bist in der Tiefe meines Gedächtnisses für alle Zeiten geborgen.

* * *

Und so bete ich schon lange mit den Worten eines Gedichts des 1961 verstorbenen tschechischen Priesters, Dichters und Schriftstellers Jakub Deml:

Wenn ich einst im Sterben liege – darum bitte ich Dich,
Mutter Gottes:
Lösche Du die rote Lampe meines Herzens.
Jesus Christus, unser ewiges Licht,
ich flehe zu dir bei deiner bitteren Marter:
Wenn das Licht des Tages für mich verlöschen wird,
führe mich über die Abgründe des gefahrvollen Todes.
Möge Dein Herz dem Vollmond,
der weißen Hostie gleich,
beleuchten die Landschaft meines Übergangs
aus dieser Zeit in die Ewigkeit.

Dem kann ich nur ein Wort hinzufügen: Amen.

Anmerkungen

[1] Vgl. Ijob 38,19.

[2] Kushner, L., Na tomto místě byl Bůh a Já, já jsem to nevěděl, Praha 2005, S. 128f.

[3] Vgl. Röm 8,26.

[4] Dem Gebet als der Schule der Hoffnung widmete auch Benedikt XVI. einige Kapitel seiner Enzyklika *Spe salvi* (Kap. 32–34).

[5] Siehe Joh 17,15.

[6] Vgl. Offb 21,22: Erst hier tritt das so viele Male angekündigte »Ende der Religion« ein!

[7] Im meinem Buch *Geduld mit Gott* (deutsche Ausgabe im Verlag Herder 2010) zeige ich, wie Nietzsche, obwohl er den heiligen Paulus hasste, ihm in seinem Zugang zum Christentum in vielem ähnelte, weshalb Nietzsche als »radikal protestantischer Theologe« und der »letzte Markion« des Christentums bezeichnet werden kann.

[8] Vgl. Spaemann, R. (mit Schönberger, R.), Der letzte Gottesbeweis, München 2007.

⁹ Gegen Spaemann lässt sich jedoch einwenden, dass es sich hierbei nicht um einen »Beweis«, sondern um ein Postulat handelt. Es ist an uns, zwischen zwei Standpunkten zu entscheiden, nämlich ob die »Wahrheit« nur eine menschliche Konvention ist, über die es keinen Sinn macht außerhalb des Raumes des menschlichen Bewusstseins bzw. der menschlichen Intersubjektivität zu sprechen, oder ob jede beliebige sinnvolle Rede über die Wahrheit gerade voraussetzt, dass die Wahrheit die Sphäre des Subjektiven übersteigt.

¹⁰ Lk 23,42.

14. Kein Wald

An der Fassade einer Kirche im Zentrum von Prag leuchten golden Worte aus dem Hymnus der Liturgie der Karwoche: »Ave crux, spes unica!« Sei gegrüßt, o Kreuz, du einzige Hoffnung! Und in einem weiteren Hymnus der Karwoche lesen wir dann: »Crux fidelis, inter omnes arbor una nobilis! Nulla talem silva profert flore, fronde, germine.« – Untrügliches Kreuz, unter allen einzig edler Baum! Kein Wald bringt einen solchen hervor an Blüte, an Laub, an Frucht.[1]

Ich bin schon durch die heiligen Haine vieler Religionen geschritten, habe jedoch in keinem anderen Wald einen so bewundernswerten Baum gefunden wie den »Baum des Kreuzes«.

* * *

Die christliche Hoffnung besteht letztendlich in der Hoffnung auf die Auferstehung, und diese stützt sich auf den Glauben an die Auferstehung Christi: »Ist aber Christus nicht auferweckt worden, ist unser Glaube sinnlos«, dann »sind wir erbärmlicher daran als alle anderen Menschen«, schreibt der heilige Paulus.[2]

Ich gehöre nicht zu denen, die nicht an die Auferstehung Christi glauben, jedoch kann ich diejenigen gut verstehen, für die dieser Glaubensartikel schwer nachzuvollziehen ist (und das bei weitem nicht nur wegen der häufig vorkommenden plumpen Verwechslung des Geheimnisses der Auferstehung mit der »Reanimation einer Leiche«). Ich kann sehr gut Simone Weil verstehen, als sie einem Ordensbruder im Rahmen einer Aufstellung all dessen, was sie daran hindere, durch die Taufe in die Kirche einzutreten, mitteilte: »Das Kreuz alleine reicht mir. [...] Das Kreuz wirkt auf mich genauso wie auf andere die Auferstehung.«[3]

Auch für mich ist das *Kreuz* das Herzstück meines Glaubens und geistlichen Lebens, und der heilige Paulus wie in letzter Zeit auch Martin Luther und Simone Weil sind mir gerade deshalb so nah und wertvoll geworden wegen ihrer Theologie und Mystik des Kreuzes.

Ja, ich zögere nicht, Simone Weil in die Reihe der großen Mystiker des Kreuzes aufzunehmen (und auch unter diejenigen, für die der Glaube und die Kirche ebenfalls ein Kreuz waren). Ich begreife die Gründe, warum Johannes Paul II. Edith Stein (Schwester Teresia Benedicta vom Kreuz) zur Mitpatronin Europas ernannte, eine Philosophin und Ordensschwester jüdischen Blutes, ein Opfer von Auschwitz. Jedoch ist für mich diese andere Jüdin[4] und »Philosophin des Kreuzes«, Simone Weil, ebenfalls eine große »Patronin« und Zeugin der Seele des modernen und postmodernen Europas, zerrissen vom Durst und von der Sehnsucht nach Gott und zugleich von den ernsten Zweifeln am Christentum und an der Kirche, eine Mystikerin des Ausharrens vor dem göttlichen Geheimnis und vor der Pforte der sichtbaren Kirche.

Nach Simone Weil will Gott in das Leben jedes Menschen den Samen des Kreuzes hineinlegen. Die göttliche

Liebe »kommt zu ihrer Stunde. Wir haben die Macht, sie willig in uns zu empfangen oder sie abzuweisen. Verschließen wir ihr unsere Ohren, kommt sie wie ein Bettler wieder und wieder, doch ebenso wie ein Bettler bleibt sie eines Tages aus. Öffnen wir uns ihr in Willigkeit, dann legt Gott ein kleines Samenkorn in uns nieder und geht davon. Von diesem Augenblick an hat Gott nichts weiter zu tun, und auch wir nichts, als zu warten. Nur darf es uns nicht gereuen, dass wir unsere Einwilligung, das bräutliche Jawort, gegeben haben.« Dieses Samenkorn der Liebe wächst jedoch zum Baum des Kreuzes empor: »Wir wissen, welches der schönste von allen Bäumen ist. Kein Wald bringt seinesgleichen hervor.« Dieser schönste Baum ist noch grauenvoller als ein Galgen. Gott hat in uns gerade den Samen dieses Baumes hineingelegt, und wir wussten es nicht einmal. Hätten wir es gewusst, hätten wir nicht unverzüglich unser Ja gesprochen. Dies ist der Baum, der in uns gewachsen ist, dessen Wurzeln uns ganz und gar durchdringen. Allein ein Verrat kann ihn entwurzeln.

Diese ganze Betrachtung über das Kreuz ist Bestandteil eines Essays der Autorin über das Unglück.[5] Simone Weil, erfahren im Leid aller Art, schreibt darin suggestiv über die grauenhafte Kraft des Unglücks, das einen Menschen verhärten, »ihm ein Gift der Trägheit einspritzen« und so aus ihm einen Mitschuldigen machen kann: »Jeder, der lange genug unglücklich war, handelt wie in heimlichem Einverständnis mit seinem eigenen Unglück. Dieses Einverständnis hemmt alle Anstrengungen, die er etwa machen könnte, um sein Los zu verbessern; es geht so weit, dass es ihn hindert, die Mittel zu seiner Befreiung zu suchen, mitunter sogar so weit, dass es ihn hindert, diese Befreiung auch nur zu wünschen.«

Das sind harte Worte und ich würde nicht wagen, sie zu zitieren, wenn ich nicht selbst in meiner eigenen klinischen und pastoralen Praxis diese Erfahrung hätte machen müssen und sie bestätigen kann. Ja, ein erlittenes Unglück, insbesondere wenn es sich um ein schweres und lang andauerndes Unglück handelt, kann sich in die Seele einbrennen und dort wie ein Parasit wüten, kann einen Menschen unfähig machen zur Freude, kann ihn nach jeder Befreiung von Neuem immer wieder in das Unglück hinabziehen. Einen Menschen kann man manchmal von seinem *momentanen* Unglück befreien, vom *vergangenen* Unglück jedoch, so Weil, kann ihn nur Gott befreien. Und selbst dann kann dieses Unglück Wunden in der menschlichen Person hinterlassen: In diesem Zusammenhang erinnert sie an die Wundmale des auferstandenen Christus.

Im Kreuz sieht sie die tiefste Getrenntheit zwischen dem Vater und dem Sohn. Leidende Menschen können an dieser Getrenntheit teilhaben, indem sie ihr eigenes »Kreuz annehmen«. Wir sollen uns nicht nach dem Unglück sehnen, das wäre pervers, denn zum Wesen des Unglücks gehört, dass wir es gegen unseren Willen ertragen müssen. »Und wenn wir nicht unglücklich sind, können wir uns allein danach sehnen, dass wir im Falle eines uns zustoßenden Unglücks mittels dessen die Teilhabe am Kreuz Christi erlangen könnten.« Simone Weil verlangt vom Menschen, dass er die Verletzlichkeit des Menschseins nicht verdeckt;

dass er sich der *Möglichkeit* des Leids nicht nur bewusst ist, sondern *diese Möglichkeit auch annimmt und umarmt.*

Simone Weil, diese Frau, die so leiden musste, beschreibt die Chance, die sich gerade auch im Abgrund des physischen Schmerzes verbirgt: »Vermittels des physischen Schmerzes dringt dieselbe Wahrheit in die Empfindungen des Köpers ein, die den Intellekt mittels eines mathematischen Beweises durchdringt und unsere Fähigkeit, zu lieben, mittels der Schönheit. Als das Unglück den Schleier des Körpers zerriss, offenbarte sich auch vor Ijob die Schönheit der Welt. Die Schönheit der Welt offenbart sich dann, wenn wir die Notwendigkeit als das Wesen des Universums anerkennen können und den Gehorsam zu einer vollkommenen und weisen Liebe als das Wesen der Notwendigkeit. Das Universum, von dem wir ein Bruchstück sind, hat kein anderes Sein als das Sein des Gehorsams.«[6]

Nach Weil besteht unsere Aufgabe in dieser Welt im »Bejahen der Existenz des Universums«. »Gott genügt es nicht, dass er sein eigenes Geschöpf für gut befindet. Er will, dass es sich selbst für gut befindet.«

Ein Unglück führt uns aus dem Irrtum heraus, dass die Welt von unserem Willen gesteuert wird. Ein Geschöpf zu sein bedeutet nicht notwendig unglücklich zu sein, jedoch bedeutet es, der *Möglichkeit* des Unglücks ausgesetzt zu sein, weil »nur das nicht Erschaffbare unzerstörbar ist«. Simone Weil folgert daraus, dass die Frage, warum Gott ein Unglück zulässt, eine andere Form der Frage, warum Gott die Welt erschaffen hat, darstellt. »Allein diejenigen, die der Wahrnehmung der Wahrheit und des Todes den

Vorrang geben vor einem langen und glücklichen Verweilen in den Illusionen, werden Gott schauen.« Das Kreuz ist verborgen in jedem Menschen anwesend, »der der Wahrheit den Vorrang gibt vor der Lüge und der Liebe vor dem Hass«. Nur solche Menschen können den Engel sehen, der die Botschaft von der Auferstehung überbringt.

***

Wenn ich davon gesprochen habe, dass das Kreuz das Zentrum meines Glaubens und meines geistlichen Lebens bildet, so muss ich hinzufügen, dass es sich jedoch um ein Kreuz handelt, das bereits vom Licht der Auferstehung angestrahlt wird; übrigens gipfelt auch die Kreuzesmystik Simone Weils in einer stillen Betrachtung der Auferstehung. Das Kreuz ist für mich nicht »das letzte Wort«; es ist das letzte Wort der Welt, die Christus von der Erdoberfläche wegschaffen wollte, es ist im gewissen Sinne das letzte Wort Jesu in diesem Leben (und die bewusste Pluralität der Evangelien lässt die Frage offen, ob sein letztes Wort der Aufschrei »Mein Gott, warum hast du mich verlassen?« oder das johanneisch-siegreiche »Es ist vollbracht!« war).

Es ist jedoch nicht das letzte Wort Gottes zur Geschichte Jesu; dieses besteht gerade in jenem väterlichen »JA« zu dem Zeugnis, das Jesus mit seinem Leben, durch seine Lehre und seinen Tod von Gott gegeben hat – und dieses Ja bezeichnen wir mit dem Wort Auferstehung.

Schon in meinen früheren Büchern habe ich davon geschrieben, dass die Auferstehung Jesu für mich viel mehr ist als nur ein isoliertes Ereignis aus einer längst entschwundenen Vergangenheit, dass ich an die *resurrectio continua* glaube, an die Auferstehung als eine sich fortsetzende Handlung, die als verborgener unterirdischer Fluss die Geschichte und die Geschichten der Menschen durchfließt und überall dort an die Oberfläche quillt, wo das Leben eines Menschen Zeugnis davon gibt, dass *Christus lebt*. In einem solchen Menschen *geschieht* Auferstehung und durch ihn verwandelt die Auferstehung die Welt.

Im Sieg Jesu über den Tod dringt der Strahl der verheißenen Zukunft in die Welt unserer Geschichte, unserer Gegenwart ein; der Glaube an die Auferstehung hätte keine heilbringende Kraft, wenn es sich bei der Auferstehung nur um den Ausdruck unserer Auffassung handelte, dass sich ein solches Ereignis tatsächlich einmal zugetragen habe, sondern nur dann, wenn es sich bei der Auferstehung um ein Bekenntnis handelt und um die Quelle unserer *Hoffnung*. Und selbst wenn »unsere Sichtweise« auf das, was damals geschah und wie es sich zugetragen hat, stets mit Fragezeichen übersät wäre, die nicht abzuweisen sind, wäre unser Glaube lebendig, insofern er aus der Quelle der Hoffnung trinken würde und aus ihr die Entschlossenheit schöpfen könnte, mit Seiner Hilfe[7] auch im eigenen Leben der Macht jener Kräfte entgegenzutreten, die Christus ans Kreuz schlugen. Evangelikale sprechen gern von der Notwendigkeit, »Christus als seinen Erlöser anzunehmen«. Was bedeutet das? Vielleicht könnte man diese Aufforderung auch so formulieren: Jesus nicht im Grab der Vergangenheit zu belassen, ihn mit

Vertrauen und mit Sehnsucht als die eigene Zukunft erwarten. Im eigenen Leben »JA« zu sagen zum Menschen Jesus und zum Wort Gottes, das durch ihn und in ihm uns anspricht, und so Anteil an jenem »Ja und Amen« zu erlangen, das der Vater zu ihm sprach, »Anteil an seiner Auferstehung und an seinem Leben zu haben«.

* * *

In vielen theologischen Büchern ist zu lesen, dass der Gegenstand der eschatologischen Hoffnung des Christentums die *Parusie* ist, die zweite Ankunft Christi am Ende der Zeiten.

Am Ende meines vorhergehenden Buches[8], das ich im vergangenen Jahr an diesem Ort geschrieben habe, habe ich einen Gedanken angedeutet, der in mir seit dieser Zeit beständig wächst: Jene »zweite Ankunft« beginnt schon jetzt und hier in den »geringsten Brüdern« Christi und gipfelt in dem Augenblick, wenn seine bisher anonyme Gegenwart in den Geringsten evident wird: »Was ihr für einen meiner geringsten Brüder getan habt, das habt ihr *mir* getan.«[9]

Wenn wir Jesu Schilderung des Jüngsten Gerichts im Evangelium nach Matthäus[10] ernst nehmen, dann können wir dort klar und deutlich lesen, dass Christus in der Geschichte allgemein und in unserer eigenen Lebensgeschichte ununterbrochen zu uns kommt *in den Bedürftigen*. Das Gericht besteht dann darin, dass Jesus sein Inkognito abnimmt und rückwirkend dem Menschen zeigt, wo überall er auf ihn in jenen Menschen wartete, die Nähe, Hilfe, Solidarität brauchten. Und alle – so ist dort geschrieben – werden überrascht sein: »Die Ungerechten« darüber, dass sie ihn jedes Mal übersehen haben, weil sie ihn das ganze Leben an einem völlig anderen Ort suchten; »die Gerechten« dann darüber, dass sie ihn an den Orten nicht suchten und nicht erwarteten, dass sie einfach »ohne fromme Gedanken« und edle Absichten denjenigen geholfen haben, die es nötig hatten. Unser Herr ist nämlich ein Meister im Verkleiden und Verstecken und ein Experte für Überraschungen und schockierende Momente – also ganz der Vater! »Wer mich gesehen hat, hat den Vater gesehen.«[11]

***

Ich habe die Hoffnung auch im Zusammenhang mit den Aposteln Petrus und Johannes erwähnt, die zum geöffneten Grab gelaufen sind; die Hoffnung, die den Glauben überholt, auch wenn sie ihm schließlich den Vorrang gibt und das Wort erteilt; der Glaube bezeugt und predigt, die Hoffnung ist in der Regel nicht hörbar, die Hoffnung betet mit einem Seufzen, das wir nicht in Worte fassen können. Aber die Apostel haben die Frauen zum Grab geschickt, insbesondere Maria Magdalena, die Frauen, die »mit den Engeln gesprochen haben« und das Evangelium der Hoffnung hörten, das ganz im Stil einer negativen Eschatologie formuliert ist: Was sucht ihr den Lebenden bei den Toten? *Er ist nicht hier.*[12]

Das Wort von der Auferstehung, jenes geheimnisvolle »auferstanden«, der Grundstein des christlichen Glaubens, ist hier nicht mit irgendwelchen Phantasien darüber verbunden, wie und wann dieses geschah und wo er jetzt ist. Es braucht hier kein »Jenseits«; wir wissen nur, dass der Tod seiner Macht beraubt ist und wir, wie die Apostel, die Verheißung als *Hoffnung* und *Aufgabe* bekommen haben: Sie werden aufgefordert, nach Galiläa zurückzukehren, vom Ort des Todes und der Trauer wegzugehen zurück zu seinen Anfängen – dort wird es eine Fortsetzung geben (»dort werdet ihr ihn sehen«). Obwohl die Apostel den Frauen und ihren Zeugnissen keinen allzu großen Glauben schenken, obwohl sie noch mit ihren Zweifeln den Glauben lähmen, löst die Hoffnung bereits die Fesseln an ihren Füßen.

Es ist die Hoffnung, die nach jedem Karfreitag am Morgen zum Grab läuft, es ist die Hoffnung, die mit den Engeln spricht, es ist die Hoffnung, die das Grab bezwingt, den Tod und die Hölle, all die bedrohlichen Rachen des Nichts, die bekennt: »Er ist nicht hier.« Es ist die Hoffnung, die uns von den Orten des Todes ins Leben zurück sendet: Dort werden wir ihn sehen.

Anmerkungen

[1] Übersetzung nach A. Franz »Süßes Holz, an süßen Nägeln tragend süße Last«, in: Beuroner Forum Edition 2012, S. 107–120. S. 111.
[2] Vgl. 1 Kor 15,14.19.
[3] Vgl. Weil, S., Lettre à un religieux, Paris 1951, S. 58. Um den Kontext zu erläutern, führe ich auch die vorhergehenden Sätze an: »Wenn Hitler fünfzigmal gestorben und von den Toten auferstanden wäre, hätte ich trotzdem nicht geglaubt, dass er Gottes Sohn ist. Und wenn es in den Evangelien keine Erwähnung der Auferstehung Christi geben würde, wäre es für mich viel leichter gewesen zu glauben.«

[4] Wenn ich auch ihre merkwürdig verständnislose und verächtliche Beziehung zum Judentum und zur hebräischen Bibel bedaure.
[5] Weil, S., L'amour de Dieu et le malheur, Paris 1999.
[6] Zu ihrem Verständnis von Gehorsam als Geheimnis der Notwendigkeit ist es wichtig, nochmals daran zu erinnern, wie sie Schönheit versteht: als den Gehorsam der Materie.
[7] Also theologisch gesprochen *Gnade*.
[8] Dieses ist auf Deutsch unter dem Titel »Berühre die Wunden. Über Leid, Vertrauen und die Kunst der Verwandlung« erschienen, Freiburg 2013.
[9] Mt 25,40.
[10] Vgl. Mt 25,31–46.
[11] Joh 14,9.
[12] Vgl. Lk 24,5f.

15. Wozu brauchen wir Gott?

Im Werk von Bertolt Brecht bin ich auf einen interessanten Dialog gestoßen. Ein Jüngling fragt einen weisen Mann, ob Gott existiere. Frage zuerst dich selbst, antwortet der Weise, ob die Antwort auf diese Frage dein Leben verändern würde. Wenn nicht, ist es unnötig, dass du fragst. Wenn ja, kann ich dir wenigstens damit weiterhelfen, dass ich dir sage, dass du dich schon entschieden hast: Du brauchst einen Gott.

Wenn man vom Kontext absieht und von dem, was wir über den Autor wissen, ist es möglich, diesen Text auf verschiedene Art und Weise zu interpretieren. Ein Gott, den wir *brauchen*, steht augenblicklich im Verdacht, dass er nur das Produkt eines Bedürfnisses ist, *nichts als* die Frucht unseres Wunsches – also bloße Illusion; so löste bekanntermaßen Freud die Frage nach Gott und der Religion.

Einige etwas eingebildete Atheisten sprechen gerne verächtlich von Gott und der Religion als einer »Krücke« (also einem Instrument für Schwache, welches sie, die Starken, *nicht brauchen*). Ich komme in ein Alter, in dem ich erkennen muss, dass ein solcher stützender Stock gar keine so schlechte Sache ist, manch einer kommt ohne ihn nicht mehr allzu weit. Aber Vorsicht vor diesem etwas vorschnellen Vergleich eines Gläubigen mit einem Invaliden. Es gilt hier eher das Paradox, dass der Mensch, wenn er in das Alter kommt, in dem er einen physischen Stock häufig nicht verschmäht, im Gegensatz dazu in den geistlichen Angelegenheiten diverse äußerliche Stützen *nicht braucht* (zum Beispiel werden ihm jetzt nur aufgrund seiner großen Lebenserfahrung manche Bibelpassagen begreiflich, die er früher nicht erfassen konnte); während so manch andere körperlich und seelisch Flinke, die jedoch von der Welt und vom Leben bisher nicht so viel kennen gelernt und begriffen haben, auf dem geistlichen Gebiet kaum fremde Hilfe entbehren können, wenn sie auf diesem Gebiet nicht Halbwissende bleiben wollen. Der Glaube selbst ist jedoch keine »Krücke«, er ist eher ein anspruchsvoller Weg, der von Zeit zu Zeit steile Auf- und Abstiege einschließt – auf denen, wie jeder erfahrene Bergsteiger bestätigen kann, ein guter Wanderstab sehr gelegen kommt. Auch Gott selbst ist gewiss keine Krücke; jedoch können unsere Vorstellungen von ihm eine solche äußerliche Stütze sein. Viele Instrumente der Religion können eine solche geeignete Stütze sein – wenn wir sie »insoweit nutzen und auf sie insoweit verzichten, wie sie uns in unserem Mühen, das Ziel zu erreichen, behilflich sind oder uns aber im Wege stehen«, wie es Ignatius von Loyola in seinen großen Exerzitien von »allen erschaffenen Dingen« aussagt. Viele Instrumente der Religion gehören in diesen Ordner »Dinge der Welt«; Gott selbst jedoch nicht.

»Wozu ist der Glaube gut, warum braucht ihn der Mensch?«, fragt mich der Moderator einer Rundfunkdiskussion in der Vermutung, dass er mir einen Ball zuspiele, den ich annehmen würde, um mich in Evangelisationstiraden zu ergehen, die auch Ungläubige überzeugen sollten. Aber ich *glaube nicht deshalb, weil der Glaube zu etwas gut ist*, sondern schlicht deshalb, weil ich überzeugt bin, dass das, woran ich glaube, wahr ist. Ich lehne es ab, vom Glauben wie ein Geschäftsmann zu sprechen, der die Vorteile des Kaufs einer Ware anpreist, die er anbietet. Vielleicht wäre mein Leben ohne Glaube, insbesondere ohne die moralischen Verpflichtungen, die aus ihm logisch folgen, sogar in vielem einfacher, unkomplizierter und attraktiver – so ähnlich, wie wenn der Mensch die Verpflichtungen, die aus der Verantwortung für seine Nächsten resultieren, aufgeben würde. Ich habe nicht deshalb begonnen zu glauben, »weil mir das etwas gibt« oder »damit mir das etwas gibt«, sondern deshalb, weil ich bestimmte Sachen begriffen habe und sie mit all ihren Folgen, die sich daraus für meine Lebensführung ergeben, angenommen habe. Falls der Mensch zu einer Überzeugung deshalb gelangt, weil es ihm etwas bringt (und es muss dabei überhaupt nicht nur um handfeste materielle Vorteile gehen), hat er sich schon – so fürchte ich – falsch entschieden; wenn eine »Entscheidung für den Glauben« das Ergebnis eines Kalküls sein sollte, so wie der Mensch vor dem Einstieg in einen bestimmten Beruf, Verein oder eine bestimmte politische Partei die Vorteile und Nachteile aufrechnet, würde sich diese Entscheidung in einer Niederung abspielen, in welche die Wahrheit nicht hinunterreicht.

Zum Glück gelangt der lebendige, wirkliche Glaube nicht so zu einem Menschen, dass er sich allzu lange entscheiden müsste oder könnte, ganz ähnlich – um die bereits erwähnte Analogie zu wiederholen – wie er sich nicht dazu verhalten kann, ob er sich verlieben soll oder nicht. Er stellt fest, dass er bereits glaubt, ganz ähnlich wie er feststellt, dass er verliebt ist; und erst dann fragt er sich in der Regel, wie und wann das passiert ist, und sucht Gründe dafür, warum das Ganze eigentlich gar nicht so verrückt ist, wie es den Ungläubigen oder den Nichtverliebten um ihn herum von außen erscheinen mag (und wie es in manchen Momenten auch ihm selbst vorkommt). Trotz allen Grübelns bleibt das Ereignis (die Geburt der Liebe oder des Glaubens, ihre tatsächliche Herkunft und Quelle) für den Menschen ein Geheimnis; trotz aller Rationalisierungen liegt es dort tief verborgen, wohin die Vernunft nicht hinabreicht (womit nicht gesagt ist, dass dies eine Angelegenheit der Unvernunft oder der Widervernunft darstellt). Vernünftiger als alles Räsonieren darüber, wie dies mir passieren konnte, ist eher, sich ganz der logischen Überlegung zu widmen, was aus der entstandenen Situation (»hier stehe ich, ich kann nicht anders«) für mein weiteres Leben erwächst, das davon nicht unberührt sein kann, wenn ich ehrlich und konsequent bleiben will.

Und sicher ist es notwendig, Zwiesprache zu halten mit der Vernunft und dem Gewissen, damit wir unterscheiden können – was manchmal sehr schwer und schmerzhaft sein kann –, ob es sich um eine wahre Liebe und einen wahren Glauben oder um ein »Hingerissensein« handelt, dem ein älter werdender Ehemann verfallen kann, der von einer jungen Sekretärin fasziniert ist, oder ein müder Christ, der von der Dynamik einer Sekte oder vom flammenden Blick und von der betörenden Stimme einer ungebetenen Prophetin betört wird.

* * *

Warum braucht der Mensch »einen Gott«? Einfach deshalb, weil der Mensch von seinem Wesen her »religiös« ist. Er kann sich nicht nicht auf das beziehen, was ihn übersteigt (auch wenn die Vorstellungen davon, was dieses ist, und auf welche Art man sich darauf bezieht, grundlegend verschieden sein können). Der Mensch »braucht« deswegen Gott, damit er sein »religiöses Bedürfnis« nicht mit irgendeinem Ersatzgegenstand, »irgendeinem Gott« bzw. heutzutage mit der weit verbreiteten Illusion befriedigen würde, dass er selbst Gott sei.

Viele Analytiker der zeitgenössischen Kultur sind sich darin einig, dass wir in einer Zivilisation des *Narzissmus* leben.[1] Ich bin überzeugt, dass (viel mehr als der »wissenschaftliche Fortschritt« usw.) gerade dies die Hauptursache des heutigen Atheismus ist (und zwar auch des nicht eingestandenen »praktischen Atheismus« nicht weniger Menschen, die sich als Gläubige sehen). Gott verträgt sich wirklich nur schwer mit der Göttlichkeit des Menschen.

Der Atheismus von gestern, insbesondere des 19. Jahrhunderts, hat zur Ausbildung dieser narzisstischen Mentalität reichlich beigetragen. Als Feuerbach Gott zur Projektion des entfremdeten Teiles unseres Menschseins erklärte und vorschlug, diese Projektion zurückzuziehen, ahnte er wahrscheinlich nicht, dass das Ergebnis nicht ein harmonisches Menschsein werden würde, sondern ein krankhaft angeschwollenes, sich selbst vergötterndes Ego. Die Geschichte der Versuche, jenen Feuerbach'schen Schritt zur Destruktion Gottes durch die Vergötterung des Menschen zu realisieren – vom »Übermenschen« Nietzsches (und insbesondere der Art und Weise, wie manche seiner nicht allzu intelligenten Bewunderer diese vieldeutige Vision Nietzsches aufgegriffen haben) über den »neuen Menschen« der totalitären Regime bis hin zu den Supermännern der zeitgenössischen Popkultur –, ist eine peinliche Zurschaustellung der mal tragischen, mal komischen Karikaturen Gottes und des Menschen.

Das wirklich Gefährliche am Narzissmus besteht nicht darin, dass wir eingebildet, eitel und selbstgefällig werden, denn dadurch erscheinen wir eher skurril; die tragische Falle des Narzissmus – wie übrigens der Mythos von Narziss sehr überzeugend zeigt – besteht darin, dass der Mensch letztendlich sein wirkliches Ich verlieren kann, dass er es in seiner irrigen Vorstellung von sich selbst ertränken und das Geheimnis der *echten* menschlichen Schönheit und Größe vernichten kann.

Diejenigen, die den Übermenschen verkünden oder den »neuen Menschen« erwarten, gehen jedoch, so vermute ich, nur auf eine allzu rohe Art und Weise von der eigentlich richtigen, tiefen und scharfen Intuition aus, dass der »Mensch mehr als ein Mensch« ist. Der Mensch ist Abbild Gottes – und wie die patristische Theologie der Ikone gut weiß, die von der Platonischen Bildtheorie durchtränkt ist,[2] steht dieses Bild nicht nur seinem Original »gegenüber«, sondern *hat an ihm geheimnisvoll teil* (methexis).

Jedoch »wird« der Mensch auch zu »dem, was er verehrt«, wie die Propheten und die Psalmen gut wussten; gemäß der Bibel werden die Hersteller von Götzenbildern geistlos, während diejenigen, die sich ihres Ruhmes entsagen und auf den Herrn vertrauen, in ihm ihren Helfer und ihren Schild finden (vgl. Ps 115,1–11).

***

Gott brauchen wir vor allem deswegen, um zu begreifen, dass *wir nicht Gott sind und uns nicht als Gott aufspielen sollen*. Der Rabbiner Lawrence Kushner – in den Fußstapfen des legendären chassidischen Rebbe Menachem Mendel (1787–1859) aus Kotzk – legt den ganzen jüdischen Glauben mit Blick auf eine einzige Aussage des Herrn aus: *Ich bin Gott, du nicht*. Demnach besteht der Grundstein des Bundes vom Sinai aus zwei Sätzen: »Ich bin der Herr, dein Gott ... Du sollst neben mir keine anderen Götter haben«; alles andere ist wohl schon menschlicher Kommentar dazu.[3]

Gott ist hier, aber wir übersehen ihn, weil wir unsere Aufmerksamkeit allzu sehr auf uns selbst richten. »Das religiöse Leben erfordert es, ständig auf die Schematismen unseres Egos (jenes kleinen Ichs) achtzugeben, welches so gerne an die Stelle der Gottheit treten würde.«[4] Menachem Mendel lehrte: »Gott kann nur dann Gott sein, wenn er nicht du ist«.

Eine echte Konversion besteht demnach nicht in der Feststellung der Tatsache, dass es Gott gibt, sondern erst in der existenziellen Realisierung dieser Entdeckung, so dass ich in meinem Leben von seinem Thron heruntersteige, auf dem ich mich bisher in naiver Arroganz breitgemacht habe.

Der Glaube besteht in der *Hoffnung auf die Befreiung* aus dem dunkelsten Kerker, in den der Mensch geworfen werden kann, aus dem Kerker des eigenen Ichs, aus der Besessenheit von sich selbst und aus dem ausweglosen Kreisen um sich selbst. Ich spreche bewusst von *Hoffnung*, weil wir wirklich selten ein für alle Mal (z. B. mit dem Akt einer dramatischen Konversion) aus diesem Kerker befreit werden; häufig geraten wir wieder in ihn hinein. Manchmal ist der Egozentrismus eines Menschen so stark, dass er auch sein religiöses Leben raffiniert in ihn einbeziehen kann.

Die Botschaft des Evangeliums überbringt uns die Hoffnung, dass »Gott größer ist als unser Herz«, dass wir in diesem Lebenskampf trotz aller Niederlagen schließlich dadurch siegen werden, dass wir von Gott überwältigt werden. Die Lehre vom Fegefeuer habe ich daher immer als eine Zusage voller Liebe begriffen, als Hoffnung, dass noch nicht einmal im Tor des Todes unser Ringen mit Gott um den ersten Platz definitiv »abgepfiffen« werden wird, dass wir noch dadurch erlöst werden können, dass unser Ego letztendlich doch unterliegt und Gott in uns siegen kann. Das ist jedoch wahrscheinlich nur dann möglich, wenn wir uns in unserem Leben nicht so sehr mit unserem kleinen Ich identifizieren, dass wir zumindest manchmal in der Lage sind, dieses Ringen mit einem gewissen Abstand zu betrachten und nicht einseitig und voller Begeisterung nur für eine Seite Partei zu ergreifen, nämlich nur für die eigene; dass wir manchmal (vielleicht mit einem gewissen zeitlichen Abstand) sogar in der Lage sein werden, uns darüber zu freuen, wenn der Wille Gottes über unseren eigenen gesiegt haben wird.

Der Mensch braucht Gott, damit er sein Leben verändert. Für diejenigen, die sich dieser Wahrheit widersetzen, weil ihnen ihre unbewusste Vorstellung von Gott Angst einjagt, könnte man dies auch so übersetzen: Wenn der Mensch radikal sein Leben zum Guten ändert, ist Gott dort immer (manchmal auch anonym) anwesend. Ja, ich habe Fälle erlebt, dass Menschen nicht erst zum Glauben fanden und dann ihr Leben besserten, sondern umgekehrt, dass Menschen etwas Ordentliches aus ihrem Leben gemacht haben und erst dann die Anwesenheit Gottes in ihrem Leben (und rückwirkend auch in jenem Umbruch in ihrem Leben) entdeckt haben. Und natürlich kenne ich auch solche, die auch dann Gott nicht entdeckt haben, die auch dann »nicht gläubig geworden sind«; ich habe aber die Hoffnung, dass auch sie, vielleicht sogar erst wenn sie die Schwelle diese Lebens überschritten haben werden – in jenem Moment, wenn Gott endlich alle Inkognitos seiner Anwesenheit in den menschlichen Lebensgeschichten aufdeckt –, jene große Überraschung erleben werden und dass auch ihnen jene Freude gebracht wird, von der geschrieben steht, dass uns sie niemand mehr nehmen kann.

***

Gott brauchen wir auch, um die ständige Versuchung bändigen zu können, die darin besteht, den Glauben eines anderen zu richten, denn das erzeugt Streit und kann zu religiös legitimiertem Gruppenhass und zu Gewalt führen. Religiöse Intoleranz ist häufig Ausdruck von Gruppennarzissmus.

»Toleranz ist keine Tugend von Menschen, die an nichts glauben«, schrieb Chesterton, und Rabbiner Sacks fügt hinzu: »Sie ist eine Tugend von Menschen, die bedingungslos glauben, dass jedem Individuum als einem Geschöpf Gottes Rechte zukommen, egal welchen Weg zum Heil er gewählt hat.«[5]

Trotz der Mentalität eines grenzenlosen Relativismus, der sich gern für den einzigen Garanten der Toleranz ausgibt, darf ich der Meinung sein, dass die Religion, an die ich glaube, wahr ist[6] (ich wäre übrigens ein Narr oder ein unehrlicher Mensch, wenn ich mich an etwas halten würde, von dem ich nicht überzeugt wäre, dass es wahr sei). Ich muss nicht glauben, dass alle Religionen gleich wahr und gleich wertvoll sind. Wir wären blind, wenn wir vor lauter Ergebenheit gegenüber der Ideologie der politischen Korrektheit die Tatsache übersehen wollten, dass manche Phänomene in der »religiösen Szene« gute und andere dagegen gefährlich schlechte Früchte hervorbringen.

Sicher setze ich mich dem Risiko des Irrtums aus, wenn ich vom Inhalt des Glaubens meines Nächsten, der sich von meinem eigenen grundsätzlich unterscheidet, denke, dass er nicht wahr sei; jedoch kann ich dieses Risiko eingehen, wenn ich dafür hinreichend gute Gründe finde. Wenn ich jedoch über die Aufrichtigkeit des *Aktes* des Glaubens eines anderen urteilen will – dann sündige ich bereits damit, indem ich »mich als Gott aufspiele«, denn nur Gott steht es zu, in das Heiligtum eines konkreten Menschen, das Gewissen, zu blicken.

Gott hat den Menschen die Freiheit geschenkt. Diese Freiheit schließt die Möglichkeit mit ein, den Glaubensweg frei zu wählen. Kein Mensch darf einem anderen diese Freiheit aberkennen. Jeder muss selbst das Risiko tragen, dass seine Wahl »objektiv« nicht richtig ist und die Absicht verfehlt, mit der Gott diesen unendlichen Fächer an Möglichkeiten vor den Menschen verborgen hat. Allerdings kann ich hundertmal der Meinung sein, dass mein Nächster sich falsch entschieden hat (und sicher kann ich mit ihm darüber reden und habe auch das Recht – und im gewissen Sinne auch die Pflicht –, ihm gegenüber meine Entscheidung, meinen Glauben zu bezeugen), das *endgültige Urteil* darüber muss ich jedoch Gott selbst überlassen. Im Glauben egal welches Menschen kann man nämlich »das Objektive« und »das Subjektive«, den Inhalt des Glaubens und den Akt des Glaubens, nicht strikt voneinander trennen; zudem ist jeder lebendige Glaube viel zu sehr ein Weg, ein Reifeprozess, der bewusste und unbewusste Komponenten beinhaltet – diejenigen, die es gewohnt sind, Religion akademisch als »System« zu beschreiben, sollten zur Kenntnis nehmen, dass es im Fall des gelebten Glaubens eines einzelnen Menschen geboten ist, im Urteil zurückhaltend zu sein.

Auch die Gewissheit meines Glaubens ist mit der *Hoffnung* verbunden, dass ich die göttliche Ansprache richtig verstanden habe; und wenn ich Gott als Geheimnis ernst nehme, das alle Menschengeschlechter übersteigt, darf ich nicht die *Hoffnung* aufgeben, dass Gott auch die Art und Weise annimmt, in der mein Nächster sein Rufen verstanden hat.

Die oberflächliche Toleranz, die aus dem Dogma des Relativismus hervorgeht, dass »alle Religionen gleich« seien, »jede ihre (gleichermaßen wertvolle) Wahrheit« habe und das Motto gelte: »anything goes«, ist einfach, sie kostet nichts, wiegt aber auch nichts – sie ist nämlich Ausdruck einer nicht eingestandenen *Gleichgültigkeit* gegenüber dem Nächsten und dessen Wahrheit. Für diese Ideologie ist allerdings bereits klar, wie es sich mit der Wahrheit verhält! Eine echte Grundlage für das Zusammenleben sehe ich dagegen in der Hochachtung jener Wahrheit, die ein alles überragendes Geheimnis ist, der Wahrheit, die Gott selbst ist, der Wahrheit, auf die wir auf augenscheinlich *unterschiedlichen* Wegen hinsteuern. Ich sehe die Grundlage in der Geduld der Hoffnung, mit der wir die Unwissenheit darüber zu ertragen vermögen, wie Gott urteilt: ob wir unserem Ziel schon nahegekommen oder noch weit davon entfernt sind; wir schreiten in der Hoffnung (nicht in der Sicherheit) voran, dass die vollständige Offenbarung der Wahrheit am Ende des Weges für jeden von uns eine frohe Überraschung sein wird.

Gott hat uns viele Glaubensuniversen gegeben, um noch einmal Rabbiner Sacks zu zitieren, jedoch nur eine Welt, in der wir mit ihnen gemeinsam leben müssen.

***

Ich erwähnte bereits die Ansicht, dass das erste Gebot des Dekalogs, »Ich bin der Herr, dein Gott ... Du sollst neben mir keine anderen Götter haben«, so zentral ist, dass es möglich ist, den ganzen Rest des Bundes vom Sinai für den menschlichen Kommentar zu dieser grundsätzlichen göttlichen Aussage zu halten. Aber wie es der talmudischen Weisheit des Judentums entspricht, können wir mit demselben Ernst an die Bedeutung des Schlusses der Zehn Gebote erinnern: *Du sollst nicht begehren* (die Frau, das Haus und den Besitz deines Nächsten).

Ich habe mir oft die einfältige Frage gestellt, ob diese Gebote nicht nur eine überflüssige Verdoppelung der vorangehenden Gebote (»Du sollst nicht die Ehe brechen« und »Du sollst nicht stehlen«) darstellen. Je älter ich werde, desto mehr werde ich mir der Wichtigkeit dieser beiden letzten Gebote und der wunderschönen Architektur des Dekalogs insgesamt bewusst, in der der Anfang und das Ende tiefgründig und fundamental korrespondieren. Denn die beiden letzten Gebote überschreiten die Ebene der Taten und treten ein in das Innere, in das Herz, in das Gemüt, in das Reich der Absichten und in das Heiligtum des Gewissens, zu den *Wurzeln* unserer Taten, Worte, Unterlassungen.

Wenn es irgendwo einen heiligen Ort für die tiefe Begegnung der abrahamitischen Religionen mit dem Buddhismus gibt, dann ist dieser gerade hier: Der Nachdruck, der auf das »Du sollst nicht begehren« gelegt wird, begegnet hier der grundlegenden Botschaft des Buddhismus, der Befreiung von den Wünschen, vom Verlangen, vom Festhalten und von Abhängigkeiten.

Ich bin überzeugt, dass das Gebot »Du sollst nicht begehren« auch für unser Thema zentral ist, für unsere Betrachtungen über die Hoffnung. Der Hoffnung, jener göttlich nackten Hoffnung, über die wir hier nachdenken, können wir nur dann begegnen, wenn sie dem Gewand unserer Wünsche entkleidet ist, wenn sie nicht mehr vom Staub der Vergeblichkeit unserer Illusionen, unserer Projektionen, unseres Wollens und unserer Utopien bedeckt ist. Nur dann, wenn sie dieses Gewand ablegt, darf sie in das Baptisterium eintreten, in das Bad der Taufe. Nur dann können wir von »christlicher Hoffnung« sprechen.

Hier tritt gleichzeitig der radikalste Unterschied zwischen dem Christentum und dem Buddhismus zu Tage. Der Buddhismus endet mit dem Freisein von allen »Wünschen«, mit der Verbrennung aller Sehnsüchte; das Christentum beginnt mit der Geburt der Hoffnung aus der Asche der Wünsche.[7] Durch Christus »ist mir die Welt und bin ich der Welt gekreuzigt« (Gal 6,14) – und zwar deshalb, damit ich mit Christus von den Toten auferweckt werde.

Die Wünsche, die Sehnsüchte, ja auch die Projektionen, die »Bilder«, die Illusionen und die Utopien gehören zum Menschsein, und der Mensch kann in gewissen Lebensphasen nur schwer ohne sie auskommen wie ein Kind ohne die Welt der Märchen und der Spielzeuge; dann aber kommen die *Krisen, die großen Chancen des Lebens*. Der starke Sturmwind der verschiedensten Krisensituationen kann von einem Augenblick zum nächsten all diese Dinge wie die Blätter von einem Baum herunterreißen. Plötzlich ähneln wir einem Baum, der mit kahlen, oft zerbrochenen

Ästen dasteht oder der völlig entwurzelt ist. »Er riss mein Hoffen aus wie einen Baum«, sagte Ijob[8]; er sagte jedoch auch: »Denn für den Baum besteht noch Hoffnung, ist er gefällt, so treibt er wieder, sein Sprössling bleibt nicht aus. Wenn in der Erde seine Wurzel altert und sein Stumpf im Boden stirbt, vom Dunst des Wassers sprosst er wieder und wie ein Setzling treibt er Zweige.«[9] Was wird jedoch der Mensch tun? (Ijob selbst hat in diesem Teil seiner Klage nicht viel Hoffnung für ihn.)

Der Mensch kann sich selbst in einer solchen Situation noch krampfhaft an seinen Sehnsüchten festklammern, aus ihnen beinahe einen »Fetisch« machen, das Instrument eines falschen Trostes, dass die Vergangenheit nicht gestorben ist, oder er kann dem »Realismus und Pragmatismus« verfallen, der in Wirklichkeit nur ein Deckname für den Zynismus und für die Konformität jener Menschen ist, die Hoffnung für etwas Einfaches, leicht zu Handhabendes halten. Sehr häufig kann der Mensch Ersatzobjekte für seine Sehnsüchte finden, seien es materielle oder soziale (die »ideale Gesellschaft«, den Himmel auf Erden) oder religiöse (»allzu menschliche« oder zu konkrete Vorstellungen über das Leben nach dem Tod, über den Himmel, die Hölle, das Fegefeuer). Aber die Sehnsüchte nach »Gegenständen«, Sehnsüchte, die auf »Objekte« aller Art bezogen sind, bleiben immer nur *Sehnsüchte* – eine Veränderung der Objekte der Sehnsucht ist keine wirkliche Konversion von der Sehnsucht zur Hoffnung.

Die Sehnsucht besitzt immer bereits schon ihr Ziel, sie besitzt bereits irgendwo ihre durch die menschlichen Pläne oder Phantasien vorbereitete Behausung, sie besitzt ihren von Menschen bereiteten oder erträumten Himmel (auf der Erde oder im Jenseits); »sie hat schon ihre Belohnung«. Sehnsüchte haben eine Behausung, wogegen die Hoffnung neben den Angeboten der Welt und des Jenseits wie ein »Obdachloser« erscheint; ihr ergeht es wie unserem Herrn, dem Menschensohn, der nichts hatte, worauf er sein Haupt legen konnte. Die Hoffnung besitzt keinen Gegenstand. Die echte Hoffnung bezieht sich auf keine *Sache* mehr, selbst wenn sie noch so heilig wäre; sie bezieht sich nur auf Gott, der keine »Sache« ist.

Die Hoffnung kann, soll, ja muss sogar unsere menschlichen Bemühungen unterstützen, in den alltäglichen Prüfungen zu bestehen, die Aufgaben des Alltags zu meistern, nach jeder Niederlage und Enttäuschung wieder aufzustehen und weiterzugehen. Sie darf sich jedoch nicht mit einer dieser Aufgaben identifizieren und sich in ihnen erschöpfen, nach dem Erreichen eines Zieles muss sie geöffnet bleiben; auf der Welt gibt es nichts, was ihren Durst nach dem Absoluten stillen könnte. Die Hoffnung begleitet den Weg des Menschen wie jene heilige Unruhe des Herzens, von der Augustinus schrieb: »*Denn du hast uns auf dich hin geschaffen, und unruhig ist unser Herz, bis es ruht in dir.*« (Confessiones I,1)

* * *

Schon früher habe ich von dem »kleinen Glauben gesprochen, klein wie ein Senfkorn, dem kleinen Glauben, der – gemäß den Worten Jesu – Berge versetzen kann. Ich habe hervorgehoben, dass nur ein *kleiner* Glaube diese Kraft tatsächlich aufbringen kann, ein Glaube, der möglichst von den Sedimenten menschlicher Theorien, Vorstellungen oder gar von der Unterstützung durch Macht befreit ist; ein Glaube, der in den Augen der Welt klein, schwach und töricht erscheint. Jedoch ist mit dem heiligen Paulus festzuhalten: Das Törichte an Gott ist weiser als die Menschen und das Schwache an Gott ist stärker als die Menschen. (1 Kor 1,25)

Heute füge ich hinzu, dass dieser kleine Glaube, damit er seine großen Taten vollbringen und uns zu unserem Heil führen kann, eine große Sehnsucht und eine starke Hoffnung braucht. Eine Hoffnung, die sich nicht auf die »Dinge der Welt« stützt und sich an sie heftet, eine Hoffnung, die uns stattdessen davon befreit, sich an ihnen festzuklammern, und uns aus ihrer Abhängigkeit löst. Die Hoffnung, die die Schritte unseres Vaters Abraham lenkte, als er den Ruf des Herrn hörte und »wegzog, ohne zu wissen, wohin er kommen würde«.[10]

***

»Wo ist der Ort in mir, wohin ich dich einladen kann, mein Gott?«, fragt Augustinus. Ich glaube, dass die Antwort Gottes lautet: Es ist deine Hoffnung.

Geschrieben in der Einsiedelei im Rheinland
im Juli und August 2009

Anmerkungen

[1] Z. B. Lasch, C., The Culture of Narcissism, New York 1978 u. a.

[2] ... und wie die zeitgenössische postmoderne Philosophie zu ahnen beginnt, siehe die Unterscheidung von Idol und Eidos bei Jean-Luc Marion.

[3] Kushner, L., Na tomto místě byl Bůh a Já, já jsem to nevěděl (An diesem Ort war Gott und ich, ich habe es nicht gewusst), Praha 2005, S. 42.

[4] Ebd., S. 46.

[5] Sacks, J., The Persistence of Faith, London/New York 2005, S. 81.

[6] Wenn sich jedoch mein Glaube auf Gott als unerschöpfliches Geheimnis bezieht, das man nicht »besitzen«, sondern nur suchen und nur in diesem Suchen »leben« kann, dann kann ich nie »Besitzer der Wahrheit« sein, sondern ich kann in ihr schreiten und *sein* – gerade dadurch, dass ich sie unablässig suche und versuche, sie »durch das Experiment meines Lebens« immer tiefer zu verstehen. Dieser immens grundlegenden Sache war sich bereits der heilige Augustinus bewusst.

[7] Ich bin mir jedoch dessen bewusst, dass eine *bestimmte Interpretation* der buddhistischen Freiheit von jedem beliebigen Wunsch und eine *bestimmte Interpretation* des christlichen Verständnisses der eschatologischen Hoffnung als einer radikal »gegenstandslosen« Hoffnung (denn Gott und die Ewigkeit sind kein »Gegenstand«) sich auf eine interessante Art begegnen; die Debatte darüber, inwieweit diese Interpretationen legitim sind, übersteigt jedoch die Möglichkeiten und auch das Thema dieses Buches.

[8] Ijob 19,10.

[9] Ijob 14,7–9.

[10] Vgl. Hebr 11,8.

Tomáš Halík
Geduld mit Gott
Die Geschichte von
Zachäus heute
260 Seiten | Paperback
ISBN 978-3-451-30382-1

Tomáš Halík
Nachtgedanken eines Beichtvaters
Glaube in Zeiten der Ungewissheit
320 Seiten | Paperback
ISBN 978-3-451-30620-4

In jeder Buchhandlung

HERDER
Lesen ist Leben

www.herder.de

Tomáš Halík
Berühre die Wunden
Über Leid, Vertrauen und
die Kunst der Verwandlung
240 Seiten | Gebunden
ISBN 978-3-451-30739-3

Tomáš Halík
All meine Wege sind DIR vertraut
Von der Untergrundkirche
ins Labyrinth der Freiheit
432 Seiten | Gebunden
ISBN 978-3-451-33288-3

In jeder Buchhandlung

HERDER
Lesen ist Leben

www.herder.de